Владимир Рублев

Бюджетные авиакомпании

Владимир Рублев

Бюджетные авиакомпании

на рынке авиаперевозок Франции Серия экономических блогов

Bloggingbooks

Imprint

Cover image: www.ingimage.com

Publisher:
Bloggingbooks
is a trademark of
Dodo Books Indian Ocean Ltd., member of the OmniScriptum S.R.L Publishing group
str. A.Russo 15, of. 61, Chisinau-2068, Republic of Moldova Europe
Printed at: see last page
ISBN: 978-620-2-47632-4

Владимир Рублев

Бюджетные авиакомпании

на рынке авиаперевозок Франции

Серия экономических блогов

2022 г.

Содержание:

Глава-1. Франко-голландская бюджетная авиакомпания «*Transavia*» на французском рынке пассажирских авиаперевозок………………………….……….**3**

Глава-2. Ирландская бюджетная авиакомпания «*Ryanair*» на французском рынке пассажирских авиаперевозок…………………………………...…….**14**

Глава-3. Венгерская бюджетная авиакомпания «*Wizz Air*» на французском рынке пассажирских авиаперевозок…………………………………….…….**35**

Глава-4. Испанская бюджетная авиакомпания «*Air Europa*» на французском рынке пассажирских авиаперевозок………………………………………**45**

Глава-5. Испанская бюджетная авиакомпания «*Volotea*» на французском рынке пассажирских авиаперевозок……………………………………..…**51**

Глава-6. Испанская бюджетная авиакомпания «*Vueling*» на французском рынке пассажирских авиаперевозок…………………………………...……**69**

Глава-7. Британская бюджетная авиакомпания «*easyJet*» на французском рынке пассажирских авиаперевозок………………………………………**82**

Приложение. Публикации автора 2020-2021 гг………………………………**95**

Глава-1. Франко-голландская бюджетная авиакомпания «*Transavia*» на французском рынке пассажирских авиаперевозок.

Франко-голландская бюджетная авиакомпания «Transavia» является дочерней структурной голландской национальной авиакомпании «KLM» и входит в состав франко-голландского холдинга «Air France – KLM». История авиакомпании берет свое начало с 1965 года, тем самым являясь старейшей бюджетной авиакомпанией на рынке пассажирских авиаперевозок Европы. Необходимо отметить, что авиакомпания изначально позиционировала себя как классическая, но с популяризацией бюджетных авиаперевозок приобрела вид бюджетной авиакомпании.

Каковы отличительные черты авиакомпании «Transavia»?

- Авиакомпания имеет холдинговую структуру: «Transavia» и «Transavia France»;

- Авиакомпания эксплуатирует лайнеры Boeing 737-700 и Boeing 737-800;

- Флот авиакомпании составляют 35 лайнеров;

- Аэропортом - хабом является голландский Схипхол (г. Амстердам)

- Средний возраст парка воздушных судов составляет 11,8 лет (на январь 2022 года);

- Маршрутная сеть авиакомпании развита на территории Центральной и Западной Европы, а также в Северной Африке;

- Стоимость авиабилетов компании выше прямых конкурентов (европейских бюджетных авиакомпаний), но незначительно ниже классических авиаперевозчиков.

На основании представленных материалов, прежде чем приступить к анализу маршрутной сети, мы можем определить «сильные» и «слабые» стороны авиаперевозчика. Маршрутная сеть авиакомпании развита на территории Франции и Италии, а также на территории Северной Африки. При этом у авиакомпании значительно выше производственные издержки из-за эксплуатации достаточно устаревшего парка воздушных судов. Испанская авиакомпания «Volotea» и венгерская «Wizz Air» имеют большее преимущество на рынке. Однако «Transavia» является франко-голландской компанией и имеет определенный приоритет в развитии маршрутной сети на территории Франции. Если французский регулятор оказывает воздействие методом протекционизма при организации маршрутной сети «Transavia» на территории Франции, то это может послужить негативным примером нарушения законов рынка. То, что стоимость авиабилетов «Transavia» выше прямых конкурентов, это обусловлено издержками, связанными с эксплуатацией устаревшего парка воздушных судов. Испанская «Volotea», хоть и придерживалась стратегии агрессивного маркетинга, распродавая авиабилеты по 9 евро, но при этом обновила и расширила парк воздушных судов в период 2020-2021 гг., значительно увеличив свою долю в рынке.

Обратите внимание на то, что авиакомпания является моноэксплуатантом Boeing 737 в модификациях 700 и 800. Вместимость лайнеров – 149 и 189 пассажиров. Но, в Европе бюджетные авиакомпании отдают предпочтение лайнерам Airbus, вместимость которых больше, стоимость обслуживания ниже и по уровню комфорта (в первую очередь – расстояние между креслами) они превосходят американского конкурента. Лайнеры Boeing 737-700 и Boeing 737-800 эксплуатирует только ирландская «Ryanair», но средний возраст парка воздушных судов ирландской бюджетной авиакомпании «Ryanair» не превышает 5 лет, а парк состоит из 442 единиц. При таком парке, безусловно, производственные издержки будут ниже, однако, «Transavia» располагает только 35 лайнерами.

Рисунок-1. *Лайнер Boeing 737-700 франко-голландской бюджетной авиакомпании «Transavia», вместимостью 149 пассажиров*

Рисунок-2. *Парк воздушных судов франко-голландской бюджетной авиакомпании «Transavia» по состоянию на январь 2022 года*

REG *	AIRCRAFT TYPE *	CONFIG	DELIVERED ⬍	REMARK	AGE ⬍
PH-XRB	Boeing 737-700	Y149	Apr 2003	Isd	18.7 Years
PH-XRC	Boeing 737-700	Y149	Nov 2010		18.6 Years
PH-XRX	Boeing 737-700	Y149	Mar 2003	Isd	18.7 Years
PH-XRY	Boeing 737-700	Y149	Mar 2003		18.8 Years
PH-HSA	Boeing 737-800	Y189	Mar 2020	Isd	12.5 Years
PH-HSB	Boeing 737-800	Y189	Apr 2010		11.7 Years
PH-HSC	Boeing 737-800	Y189	May 2010		11.6 Years
PH-HSF	Boeing 737-800	Y189	Apr 2012		9.7 Years
PH-HSG	Boeing 737-800	Y189	May 2012		9.6 Years
PH-HSI	Boeing 737-800	Y189	Apr 2013	Wilco Van Elk, Peter Pan Vakantieclub cs	8.7 Years
PH-HSJ	Boeing 737-800	Y189	Mar 2014	The Memory Maker	7.8 Years
PH-HSK	Boeing 737-800	Y189	Apr 2020	Isd	6.7 Years
PH-HSM	Boeing 737-800	Y189	Mar 2020	Isd	6.6 Years
PH-HSW	Boeing 737-800	Y189	Feb 2020	Isd	12.6 Years
PH-HXA	Boeing 737-800	Y189	Apr 2019		5.8 Years
PH-HXB	Boeing 737-800	Y189	Apr 2019	Isd	5.8 Years
PH-HXC	Boeing 737-800	Y189	Apr 2019	Isd	5.7 Years
PH-HXD	Boeing 737-800	Y189	Jun 2016	Isd	5.5 Years
PH-HXE	Boeing 737-800	Y189	Jun 2016	Isd	5.5 Years
PH-HXF	Boeing 737-800	Y189	Apr 2020		4.8 Years
PH-HXG	Boeing 737-800	Y189	Apr 2020	Isd	4.7 Years
PH-HXI	Boeing 737-800	Y189	Apr 2017		4.7 Years
PH-HXJ	Boeing 737-800	Y189	Apr 2017		4.7 Years
PH-HXK	Boeing 737-800	Y189	Mar 2020		4.6 Years
PH-HXL	Boeing 737-800	Y189	Mar 2018		3.7 Years
PH-HXM	Boeing 737-800	Y189	Apr 2018		3.7 Years
PH-HXN	Boeing 737-800	Y189	Mar 2020	Isd	2.9 Years
PH-HXO	Boeing 737-800	Y189	Mar 2020	Isd	2.9 Years
PH-HZD	Boeing 737-800	Y189	Apr 2011		22.7 Years
PH-HZE	Boeing 737-800	Y189	Mar 2014	Isd	22.6 Years
PH-HZG	Boeing 737-800	Y189	Apr 2017	Isd	21.8 Years
PH-HZI	Boeing 737-800	Y189	Feb 2013	Parked	21.6 Years
PH-HZJ	Boeing 737-800	Y189	Apr 2017	Parked	21.6 Years
PH-HZL	Boeing 737-800	Y189	Apr 2017		20.7 Years
PH-HZN	Boeing 737-800	Y189	Jun 2009		17.7 Years
PH-HZO	Boeing 737-800	Y189	Mar 2017	Isd	14.7 Years
PH-HZV	Boeing 737-800	Y189	Jan 2017	Parked, Isd	19.5 Years
PH-HZW	Boeing 737-800	Y189	Mar 2006	Isd	19.6 Years
PH-HZX	Boeing 737-800	Y189	Apr 2011	Parked, Isd	19.6 Years

В парке воздушных судов более 50% - это лайнеры с возрастом от 15 до 22 лет. Безусловно, это обстоятельство и является ключевым негативным фактором, препятствующим развитию. Парк воздушных судов – это основа авиакомпании. Если авиакомпания располагает самыми современными воздушными судами, то ее рост и развитие будут происходить более высокими темпами по сравнению с конкурентом, который эксплуатирует устаревший парк воздушных судов.

Рисунок-3. *Лайнер Boeing 737-800 франко-голландской бюджетной авиакомпании «Transavia», вместимостью 189 пассажиров*

Если авиакомпания «Transavia» изменит подход к формированию парка воздушных судов и станет эксплуатантом лайнеров Airbus A-220 (достаточно популярная модель среди европейских авиаперевозчиков) или приобретет лайнеры Airbus A-320 neo и Airbus A-321 neo, то, безусловно, компания сможет конкурировать на французском рынке с такими бюджетными авиаперевозчиками как «easyJet», «Volotea» и «Vueling». Французский рынок достаточно конкурентный и маршрутная сеть региональных аэропортов активно развита. Единственный возможный вариант эффективной конкурентной борьбы на французском рынке в бюджетном сегменте – обновление и расширение парка воздушных судов. Обновление и расширение парка позволит снизить производственные издержки и будет способствовать снижению стоимости авиабилетов.

Представим данные маршрутной сети «Transavia» по состоянию на январь 2022 года.

Рисунок-4. *Маршрутная сеть франко-голландской бюджетной авиакомпании «Transavia» по состоянию на январь 2022 года*

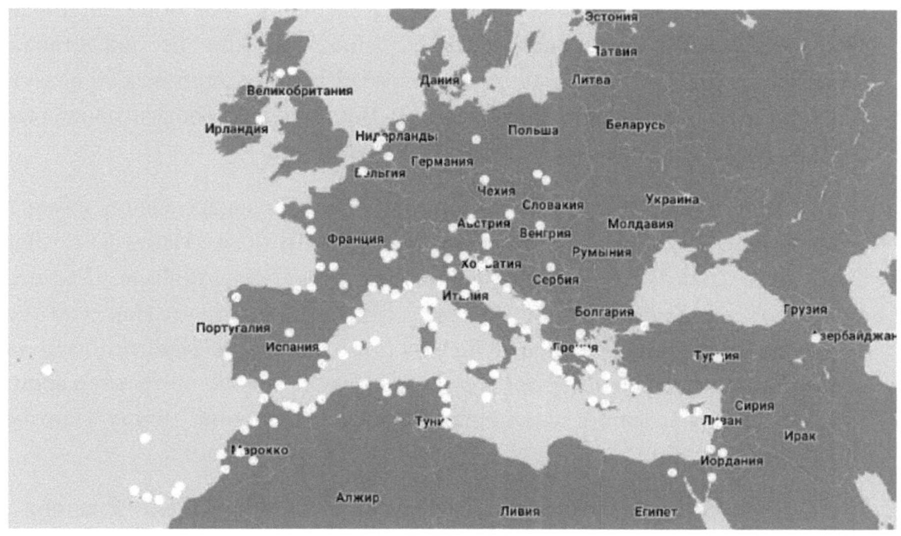

Рисунок-5. *Маршрутная сеть франко-голландской бюджетной авиакомпании «Transavia» на территории Франции по состоянию на январь 2022 года*

Как было отмечено выше, маршрутная сеть развита на территории Западной и Южной Европы и Северной Африки. В Прибалтике, на территории Восточной Европы, а также в Венгрии, Румынии и Скандинавии «Tranasvia» либо представлена слабо, либо вообще не представлена. Венгерская бюджетная авиакомпания «Wizz Air» и британская «easyJet» успешно вышли на рынок Прибалтики и Восточной Европы и продолжают активно развивать свое присутствие в этих регионах.

Следует отметить, что на территории Франции авиакомпания имеет три аэропорта - хаба: в Париже (аэропорт Орли), в г. Нант и г. Лион. Сотрудничество с аэропортом Нанта является эффективным. Благодаря развитию маршрутной сети на базе аэропорта жители Нанта и всей Арморикaнской возвышенности получили возможность осуществлять авиа перелеты из регионального аэропорта, не затрачивая дополнительное время и средства на трансферт в аэропорты Парижа (расстояние между Нантом и Парижем – 342 км).

Аэропорты присутствия авиакомпании на территории Франции не отличаются развитой маршрутной сетью. Например, из французского Бреста «Transavia» выполняет рейсы в Марсель, Монпелье, Ниццу, Париж, Лион и Тулузу.

Из аэропорта Монпелье (Юг Франции) осуществляются рейсы по 8 направлениям.

Рисунок-6. *Маршрутная сеть франко-голландской бюджетной авиакомпании «Transavia» на базе аэропорта г. Монпелье (январь, 2022 г.)*

Les destinations les plus populaires au départ de Montpellier

Destination	Prix	Destination	Prix
Athènes › Depuis Montpellier	60 €*	Marrakech › Depuis Montpellier	44 €*
Crète (Héraklion) › Depuis Montpellier	70 €*	Rome (Fiumicino) › Depuis Paris (Orly)	34 €*
Djerba › Depuis Montpellier	59 €*	Séville › Depuis Montpellier	39 €*
Lisbonne › Depuis Montpellier	39 €*	Sicile (Palerme) › Depuis Montpellier	34 €*
		Tunis › Depuis Montpellier	59 €*

Рассмотрим анализ маршрутной сети французских аэропортов – хабов «Transavia». Благодаря достаточно информативному интерфейсу сайта авиакомпании, мы имеем возможность проанализировать не только направления регулярного авиасообщения, но и базовую стоимость авиабилетов по указанным маршрутам.

Рисунок-7. *Маршрутная сеть франко-голландской бюджетной авиакомпании «Transavia» на базе аэропорта г. Лион (январь, 2022 г.)*

Les destinations les plus populaires au départ de Lyon-Saint-Exupéry

Destination	Prix
Agadir › Depuis Lyon	40 €*
Alger › Depuis Lyon	59 €*
Alicante › Depuis Lyon	30 €*
Athènes › Depuis Lyon	70 €*
Bari › Depuis Lyon	30 €*
Beyrouth › Depuis Lyon	124 €*
Constantine › Depuis Lyon	74 €*
Crète (Héraklion) › Depuis Lyon	82 €*
Djerba › Depuis Lyon	49 €*
Faro › Depuis Lyon	24 €*
Malaga › Depuis Lyon	39 €*
Marrakech › Depuis Lyon	47 €*
Minorque (Mahon) › Depuis Lyon	29 €*
Monastir › Depuis Lyon	49 €*
Oran › Depuis Lyon	74 €*
Oujda › Depuis Lyon	49 €*
Palma de Majorque › Depuis Lyon	29 €*
Porto › Depuis Lyon	35 €*
Rhodes › Depuis Lyon	50 €*
Santorin › Depuis Lyon	39 €*
Sardaigne (Olbia) › Depuis Lyon	29 €*
Séville › Depuis Lyon	39 €*
Sicile (Palerme) › Depuis Lyon	39 €*
Tel Aviv › Depuis Lyon	55 €*
Tunis › Depuis Lyon	54 €*
Valence › Depuis Lyon	30 €*

На базе аэропортов Нант и Лион «Transavia» имеет достаточно развитую маршрутную сеть. Но еще раз отметим, что стоимость авиабилетов «Transavia» выше ближайших конкурентов.

Рисунок-8. *Маршрутная сеть франко-голландской бюджетной авиакомпании «Transavia» на базе аэропорта г. Нант (январь, 2022 г.)*

Les destinations les plus populaires au départ de Nantes Atlantique

Ajaccio (Corse)	› Depuis Nantes	34 €
Athènes	› Depuis Nantes	66 €
Bari	› Depuis Lyon	30 €
	› Depuis Nantes	39 €
Bastia (Corse)	› Depuis Nantes	34 €
Crète (Héraklion)	› Depuis Nantes	56 €
Dubrovnik	› Depuis Nantes	29 €
Faro	› Depuis Nantes	30 €
Madère (Funchal)	› Depuis Nantes	77 €
Istanbul Airport	› Depuis Nantes	54 €
Lisbonne	› Depuis Nantes	34 €
Malaga	› Depuis Nantes	28 €
Marseille	› Depuis Nantes	34 €
Montpellier	› Depuis Nantes	34 €
	› Depuis Paris (Orly)	39 €
	› de Rennes	39 €
Nice	› Depuis Nantes	34 €
Palma de Majorque	› Depuis Nantes	29 €
Porto	› Depuis Nantes	29 €
Rhodes	› Depuis Nantes	50 €
Rome (Fiumicino)	› Depuis Nantes	35 €
	› Depuis Paris (Orly)	34 €
Santorin	› Depuis Nantes	49 €
Séville	› Depuis Nantes	34 €
Sicile (Palerme)	› Depuis Nantes	29 €
Toulon	› Depuis Nantes	29 €
Toulouse	› Depuis Nantes	34 €
Venise (Marco Polo)	› Depuis Nantes	40 €

Испанская бюджетная авиакомпания «Volotea» предлагает своим пассажирам авиабилеты со стоимостью от 9 евро, ирландская «Ryanair» от 15 евро, а британская «easyJet» от 19 евро. При сложившейся ценовой политики, маловероятен рост пассажиропотока у авиакомпании «Transavia».

Проведем анализ маршрутной сети «Transavia» на базе столичного аэропорта Париж – Орли. Отметим, что столичные направления являются более загруженными и это служит отличительной особенностью от межрегиональных направлений, а бизнес модель европейских бюджетных авиакомпаний рассчитана на развитие межрегионального авиасообщения.

Рисунок-9. *Маршрутная сеть франко-голландской бюджетной авиакомпании «Transavia» на базе аэропорта г. Париж (аэропорт Орли) (январь, 2022 г.)*

Les destinations les plus populaires au départ de Paris (Orly)

Amman	› Depuis Paris (Orly)	89 €*
Amsterdam (Schiphol)	› Depuis Paris (Orly)	49 €*
Athènes	› Depuis Paris (Orly)	61 €*
Barcelone	› Depuis Paris (Orly)	40 €*
Bari	› Depuis Lyon	30 €*
	› Depuis Paris (Orly)	39 €*
Brindisi	› Depuis Paris (Orly)	39 €*
Dakhla	› Depuis Paris (Orly)	69 €*
Fuerteventura	› Depuis Paris (Orly)	37 €*
Kos	› Depuis Paris (Orly)	71 €*
Lanzarote (Arrecife)	› Depuis Nantes	44 €*
	› Depuis Paris (Orly)	39 €*
Madrid	› Depuis Paris (Orly)	41 €*
Kalamata	› Depuis Paris (Orly)	65 €*
Marrakech	› Depuis Paris (Orly)	64 €*
Minorque (Mahon)	› Depuis Lyon	29 €*
	› Depuis Nantes	29 €*
	› Depuis Paris (Orly)	44 €*
Nador	› Depuis Paris (Orly)	62 €*
Naples	› Depuis Paris (Orly)	39 €*
Ouarzazate	› Depuis Paris (Orly)	60 €*
Porto	› Depuis Paris (Orly)	42 €*
Prague	› Depuis Paris (Orly)	41 €*
Pula	› Depuis Paris (Orly)	44 €*
Rhodes	› Depuis Lyon	50 €*
	› Depuis Paris (Orly)	71 €*
Riga	› Depuis Paris (Orly)	44 €*
Tenerife (Sud)	› Depuis Paris (Orly)	39 €*
Zakynthos	› Depuis Paris (Orly)	46 €*

При условии ухода «Transavia» с рынка или при снижении доли рынка и сокращении маршрутной сети, рынок не почувствует значительных колебаний и все маршруты будут без труда замещены другими европейскими бюджетными авиаперевозчиками.

Рисунок-10. *Маршрутная сеть франко-голландской бюджетной авиакомпании «Transavia», перечень городов и стран по состоянию на январь 2022 года*

Таким образом, мы можем заключить, что «Transavia» не имеет существенного влияния на структуру рынка пассажирских авиаперевозок. Компания является слабо конкурентным игроком на рынке по ряду факторов: устаревший парк воздушных судов, неразвитая маршрутная сеть, высокая стоимость авиабилетов. Только фундаментальная перестройка бизнес модели может сделать авиакомпанию «Transavia» конкурентным участником рынка.

Еще раз проанализируем маршрутную сеть авиакомпании. Да, она имеет присутствие во Франции, Италии, Испании и Греции, осуществляет рейсы в Северную Африку, но вышеприведенные негативные составляющие не дают авиакомпании конкурентных преимуществ на развитом рынке.

Возможным сценарием эффективного развития «Transavia» при действующей бизнес модели, может стать интеграция в регион Северной и Центральной Африки.

Какой возможный сценарий эффективного развития «Transavia» еще может быть? Развитие системы стыковочных рейсов с авиакомпаниями «Air France» и «KLM» в структуре холдинга. Но тут ключевым фактором является заинтересованность головных структур. Авиационные холдинги придерживаются достаточно консервативных принципов менеджмента, поэтому сценарий быстрой смены бизнес модели маловероятен. К тому же, сложившейся кризис оказал крайне негативное влияние на таких гигантов как «Air France» и «KLM», и работа по совершенствованию организационной модели «Transavia» может быть отложена на более поздний срок.

При этом необходимо понимать, что на французском рынке может усилить свое присутствие венгерская бюджетная авиакомпания «Wizz Air», когда расширит свой парк еще на 50-100 единиц. Бизнес модель «Wizz Air» более эффективна и тогда «Transavia» получит риск снижения своей доли в структуре рынка.

Парадоксальным является тот факт, что на территории Франции сегмент бюджетных авиаперевозок поделен между ирландской, британской, венгерской и испанскими бюджетными авиакомпаниями с минимальной долей влияния на рынок со стороны франко-голландской «Transavia». Но это принцип свободного и конкурентного рынка, что не противоречит базовым законам экономики.

Глава-2. Ирландская бюджетная авиакомпания «*Ryanair*» на французском рынке пассажирских авиаперевозок.

Ирландская бюджетная авиакомпания «Ryanair» является крупнейшей в мире бюджетной авиакомпанией и бессменным лидером европейского рынка пассажирских авиаперевозок. По состоянию на начало 2021 года авиакомпания эксплуатировала 442 лайнера Boeing 737 (модификации «700» и «800»), однако, 2021 год внес существенные коррективы в работу компании. «Ryanair» открыла дочернюю структуру – бюджетную авиакомпанию «Lauda Europe» (зарегистрирована на Мальте) и расширила парк воздушных судов до 479 лайнеров, при этом авиакомпания ожидает поставку еще 193 лайнеров.

Таблица-1. *Флот ирландской бюджетной авиакомпании «Ryanair» по состоянию на январь 2022 года.*

Лайнер	Количество в парке, ед.	Заказано, ед.
Airbus A-320-200	29	2
Boeing 737-700	1	-
Boeing 737-800	413	-
Boeing 737 MAX	36	191

Согласитесь, что открывать в кризисный 2021 год еще одну авиакомпанию в качестве дочерней структуры – это достаточно рискованный шаг. Однако политика рынка такова, что авиакомпании ожидают рост и развитие бюджетного сегмента в перспективе с 2022г. по 2030г. По мнению экспертов, именно бюджетный сегмент станет фактором посткризисного роста и развития рынка авиаперевозок. «Ryanair» контролирует около 50% пассажиропотока в бюджетном сегменте на европейском рынке и это, вероятнее всего, послужило причиной создания дочерней авиакомпании на Мальте.

Авиакомпания заключила один из самый крупнейших контрактов с американской авиастроительной корпорацией «Boeing», что позволило приобрести лайнеры Boeing 737-800 с существенным дисконтом (в 2021 году «Ryanair» заключила соглашение на приобретение более 200 лайнеров Boeing 737 MAX). Данная модель стала причиной крупнейшего спада производства американского авиастроительного гиганта. После череды авиационных катастроф и происшествий эксплуатация модели Boeing 737 MAX была прекращена рядом авиакомпаний, а производство временно приостановлено. В это время прямой конкурент «Boeing» - европейская авиастроительная корпорация «Airbus SE» усилила свои позиции в сегменте среднемагистральных узкофюзеляжных воздушных судов, успешно реализуя лайнеры Airbus A-319 neo, Airbus A-320 neo и Airbus A-321neo.

Итак, в кризисный 2021 год европейский рынок пассажирских авиаперевозок приобрел еще одного важного игрока – мальтийскую «Lauda Europe», использующую стратегию развития, аналогичную головной структуре («Ryanair»). Ограничится ли деятельность авиакомпании работой рейсами только на острове Мальта или ее ждет экспансия на европейский континент? На сегодняшний день ответа на данный вопрос пока нет, так как авиакомпания только начинает делать свои первые шаги на рынке.

Рисунок-11. *Лайнер Airbus A-320-200 мальтийской бюджетной авиакомпании «Lauda Europe»*

Как было отмечено выше, флот головной структуры «Ryanair» состоит из лайнеров Boeing 737-700 и Boeing 737-800. Авиакомпания в 2021 году начала получать лайнеры Boeing 737 MAX, в возрасте до 2-х лет. Следовательно, это те воздушные суда, которые принадлежали другим авиакомпаниям, отказавшимся от эксплуатации лайнеров данной модели. Но, в парке авиакомпании есть и те Boeing 737 MAX, которые поступают напрямую с завода Boeing. Если авиакомпания приобрела бывшие в употреблении воздушные суда, то напрашивается вопрос, а не нанесут ли они репутационный ущерб в случае возможного авиационного происшествия?

Например, лайнер с регистрационным номером EI-HAT был передан авиакомпании в сентябре 2021 года, но его возраст составляет 3 года. Информации о предыдущем эксплуатанте найти в открытых источниках не удалось, до передачи «Ryanair» лайнер имел регистрационные номера N1786B, N6065Y, N6063S, следовательно, эксплуатировался в США.

Рисунок-12. *Лайнер Boeing 737 MAX ирландской бюджетной авиакомпании «Ryanair»*

Рисунок-13. *Лайнерѕ Boeing 737 MAX ирландской бюджетной авиакомпании «Ryanair» в парке авиакомпании*

REG	AIRCRAFT TYPE	CONFIG	DELIVERED	REMARK	AGE
EI-HAT	Boeing 737 MAX 8	Y197	Sep 2021		2.9 Years
EI-HAW	Boeing 737 MAX 8	Y197	Nov 2021		2 Years
EI-HAX	Boeing 737 MAX 8	Y197	Nov 2021		2.1 Years
EI-HAY	Boeing 737 MAX 8	Y197	Nov 2021		2.1 Years
EI-HEN	Boeing 737 MAX 8	Y197	Jun 2021		0.7 Years
EI-HEO	Boeing 737 MAX 8	Y197	On Order		2.1 Years
EI-HEP	Boeing 737 MAX 8	Y197	On Order		2.1 Years
EI-HES	Boeing 737 MAX 8	Y197	On Order		2.1 Years
EI-HET	Boeing 737 MAX 8	Y197	On Order		2.1 Years
EI-HEV	Boeing 737 MAX 8	Y197	On Order		2.1 Years
EI-HEW	Boeing 737 MAX 8	Y197	On Order		2 Years
EI-HEY	Boeing 737 MAX 8	Y197	On Order		2 Years
EI-HEZ	Boeing 737 MAX 8	Y197	Jun 2021		2 Years
EI-HGE	Boeing 737 MAX 8	Y197	On Order		2 Years
EI-HGF	Boeing 737 MAX 8	Y197	On Order		2 Years

Другие авиакомпании не спешат приобретать Boeing 737 MAX, отдавая предпочтение модификациям «neo» корпорации «Airbus SE». Только ряд авиакомпаний из России, Латинской Америки и белорусская «Белавиа» подтвердили свою заинтересованность в приобретении Boeing 737 MAX. Из-за авиационных происшествий с данной моделью, очевидно, что Boeing, утратил свой статус поставщика среднемагистральных воздушных судов в Европе. При этом важно отметить, что лайнеры Boeing 787 продолжают пользоваться спросом и составляют конкуренцию моделям Airbus A-350.

Рисунок-14. *Лайнер Boeing 737-800 ирландской бюджетной авиакомпании «Ryanair»*

Необходимо отметить, что лайнеры Boeing 737-800 в парке авиакомпании имеют достаточно высокий средний возраст. Есть лайнеры, возраст которых превышает 15 лет, что делает с каждым годом все более неэффективной их эксплуатацию. Будет ли выводить «Ryanair» из эксплуатации лайнеры с высоким возрастным показателем или расширит свой парк для развития маршрутной сети? Если лайнеры являются собственностью авиакомпании, то они будут эксплуатироваться до достижения критической отметки, а после выработки ресурса будут утилизированы. Слишком много, с появлением бюджетных авиаперевозчиков, высвобождается бывших в употреблении лайнеров, поэтому авиакомпании из развивающихся стран (Россия, СНГ, Африка, Южная Америка), уже не торопятся приобретать лайнеры в возрасте 15-20 лет для нескольких лет эксплуатации до полной выработки ресурса.

Рисунок-15. *Лайнеры Boeing 737-800 ирландской бюджетной авиакомпании «Ryanair» в парке авиакомпании (возраст 16-17 лет)*

EI-DCM	Boeing 737-800	Y189	Oct 2004		17.2 Years
EI-DCN	Boeing 737-800	Y189	Nov 2004		17.2 Years
EI-DCO	Boeing 737-800	Y189	Nov 2004		17.2 Years
EI-DCP	Boeing 737-800	Y189	Nov 2004		17.1 Years
EI-DCR	Boeing 737-800	Y189	Dec 2004		17 Years
EI-DCW	Boeing 737-800	Y189	Jan 2005		17 Years
EI-DCX	Boeing 737-800	Y189	Jan 2005		16.9 Years
EI-DCY	Boeing 737-800	Y189	Jan 2005		16.9 Years
EI-DCZ	Boeing 737-800	Y189	Jan 2005		16.9 Years
EI-DHA	Boeing 737-800	Y189	Feb 2005		16.9 Years
EI-DHB	Boeing 737-800	Y189	Feb 2005	Parked	16.8 Years
EI-DHC	Boeing 737-800	Y189	Feb 2005		16.8 Years
EI-DHD	Boeing 737-800	Y189	Feb 2005		16.8 Years
EI-DHE	Boeing 737-800	Y189	Mar 2005		16.8 Years
EI-DHF	Boeing 737-800	Y189	Mar 2005		16.8 Years
EI-DHG	Boeing 737-800	Y189	Mar 2005		16.7 Years

Рисунок-16. *Лайнеры Boeing 737-800 ирландской бюджетной авиакомпании «Ryanair» в парке авиакомпании (возраст 3 года)*

EI-GJT	Boeing 737-800	Y189	May 2018	3.6 Years
EI-GSG	Boeing 737-800	Y189	Sep 2018	3.2 Years
EI-GSH	Boeing 737-800	Y189	Sep 2018	3.2 Years
EI-GSI	Boeing 737-800	Y189	Sep 2018	3.2 Years
EI-GSJ	Boeing 737-800	Y189	Sep 2018	3.2 Years
EI-GSK	Boeing 737-800	Y189	Sep 2018	3.2 Years
EI-GXG	Boeing 737-800	Y189	Sep 2018	3.2 Years
EI-GXH	Boeing 737-800	Y189	Sep 2018	3.2 Years
EI-GXI	Boeing 737-800	Y189	Oct 2018	3.2 Years
EI-GXJ	Boeing 737-800	Y189	Nov 2018	3.1 Years
EI-GXK	Boeing 737-800	Y189	Nov 2018	3.1 Years
EI-GXL	Boeing 737-800	Y189	Nov 2018	3.1 Years
EI-GXM	Boeing 737-800	Y189	Nov 2018	3.1 Years
EI-GXN	Boeing 737-800	Y189	Dec 2018	3 Years

В парке компании есть и 3-х летние лайнеры Boeing 737-800, но их вместимость 189 пассажиров, а у Boeing 737 MAX – 197, поэтому, вероятно «Ryanair» отдаст предпочтение приобретению моделей «MAX». Почему мы уделили такое внимание анализу парка воздушных судов ирландского авиаперевозчика? Потому что авиакомпания является крупнейшим игроком на рынке и ее влияние на рынок столь значительно, что ее утрата или усиление позиций на рынке может привести к изменению рыночной структуры.

Теперь перейдем к анализу маршрутной сети данной бюджетной авиакомпании. Как и подобает авиационному гиганту, ее маршрутная сеть охватывает всю Европу, но в России авиакомпания не представлена. «Ryanair» предпринимались попытки выхода на российский рынок, но они не увенчались успехом.

Рисунок-17. *Маршрутная сеть ирландской бюджетной авиакомпании «Ryanair» по состоянию на январь 2022 года*

Если мы рассмотрим внимательно карту маршрутов, то увидим, что авиакомпания имеет авиационные хабы по всей Европе (выделены крупными точками), но и аэропортов присутствия у ирландского авиаперевозчика значительно больше, чем у ближайших конкурентов. Рассмотрим маршрутную сеть на территории Франции.

Рисунок-18. *Маршрутная сеть ирландской бюджетной авиакомпании «Ryanair» на территории Франции по состоянию на январь 2022 года*

Авиакомпания имеет хабы в Бордо, Тулузе, Марсели и Париж-Бове, а также выполняет рейсы из небольших региональных аэропортов, в которых не представлены вообще или представлены ограничено другие авиаперевозчики.

Если мы посмотрим очень внимательно на структуру маршрутной сети французских хабов, то увидим, что авиакомпания выполняет рейсы с максимальным временем полета чуть более 2-х часов, а также отметим, что хабы связаны авиасообщением между собой (как на территории Франции, так и в рамках всей маршрутной сети авиакомпании). Франция связана регулярным и развитым авиасообщением с Великобританией, Италией и Испанией. Таким образом, все туристические центры Европы имеют между собой развитую сеть регулярного авиасообщения. Это достаточно удобно для пассажиров и позволяет разгрузить ведущие авиатранспортные узлы, перенеся пассажиропоток на межрегиональный уровень.

Рисунок-19. *Маршрутная сеть ирландской бюджетной авиакомпании «Ryanair» из аэропорта г. Бордо по состоянию на январь 2022 года*

Рисунок-20. *Маршрутная сеть ирландской бюджетной авиакомпании «Ryanair» из аэропорта г. Тулуза по состоянию на январь 2022 года*

Рисунок-21. *Маршрутная сеть ирландской бюджетной авиакомпании «Ryanair» из аэропорта г. Марсель по состоянию на январь 2022 года*

Рисунок-22. *Маршрутная сеть ирландской бюджетной авиакомпании «Ryanair» из аэропорта г. Париж-Бове по состоянию на январь 2022 года*

А сейчас представим данные маршрутной сети из всех аэропортов присутствия на территории Франции ирландской бюджетной авиакомпании «Ryanair». Да, данных будет много, но, возможно, этот материал будет представлять ценность в будущем при исследовании истории развития бюджетных авиакомпаний. А в рамках данного исследования он поможет понять и оценить роль и влияние авиакомпании на рынок авиаперевозок Франции.

Рисунок-23. *Маршрутная сеть ирландской бюджетной авиакомпании «Ryanair» из аэропорта г. Безье по состоянию на январь 2022 года*

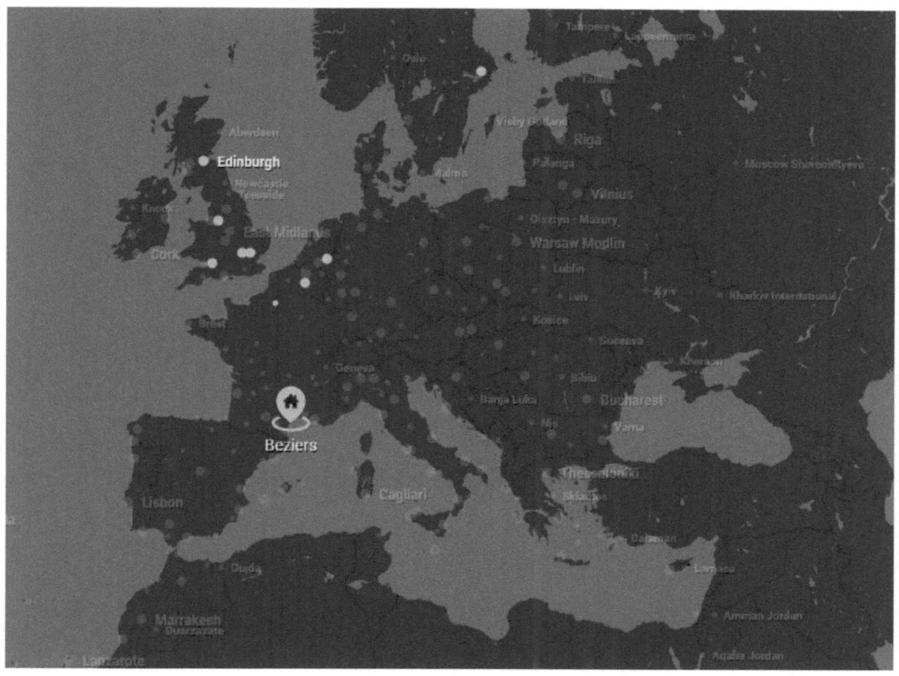

Примечательно то, что аэропорты Безье и Перпиньян являются французскими экспериментальными лоукост - аэропортами, то есть они осуществляют сотрудничество только с бюджетными авиакомпаниями. Это бывшие региональные аэропорты, которые использовались в частных целях и служили региональными авиационными клубами. Но развитие сегмента бюджетных авиаперевозок дало этим аэропортам новую жизнь. Теперь это региональные лоукост - аэропорты, обслуживающие рейсы бюджетных авиакомпаний и связывающие Францию с европейскими государствами.

Возможно, спустя 5-10 или 15 лет лоукост – аэропорты будут распространены по всему миру.

Рисунок-24. *Маршрутная сеть ирландской бюджетной авиакомпании «Ryanair» из аэропорта г. Перпеньян по состоянию на январь 2022 года*

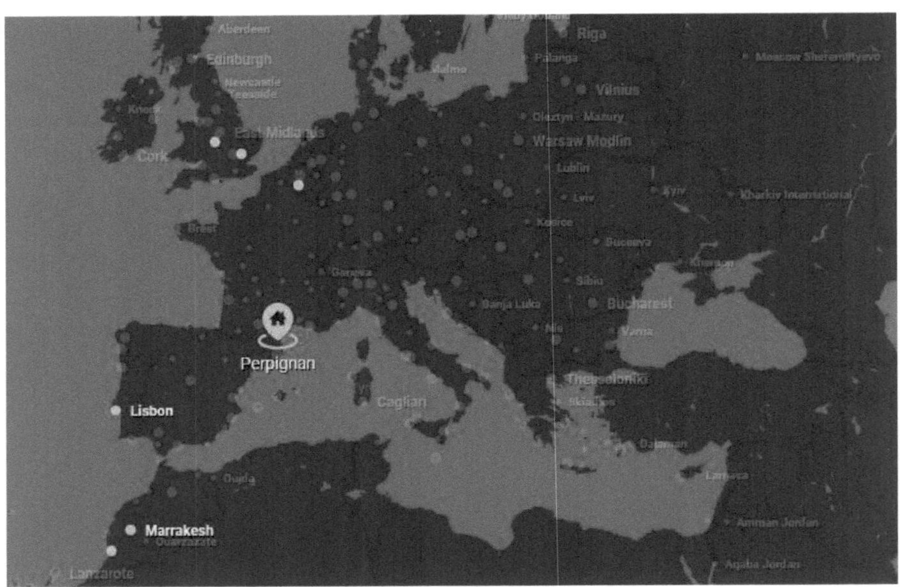

Рисунок-25. *Маршрутная сеть ирландской бюджетной авиакомпании «Ryanair» из аэропорта г. Фигари (остров Корсика) по состоянию на январь 2022 года*

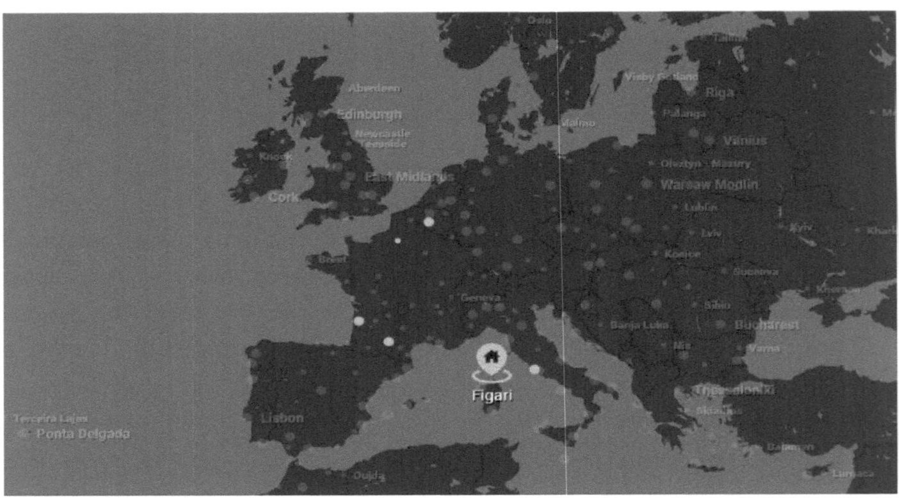

Рисунок-26. *Маршрутная сеть ирландской бюджетной авиакомпании «Ryanair» из аэропорта г. Бержерак по состоянию на январь 2022 года*

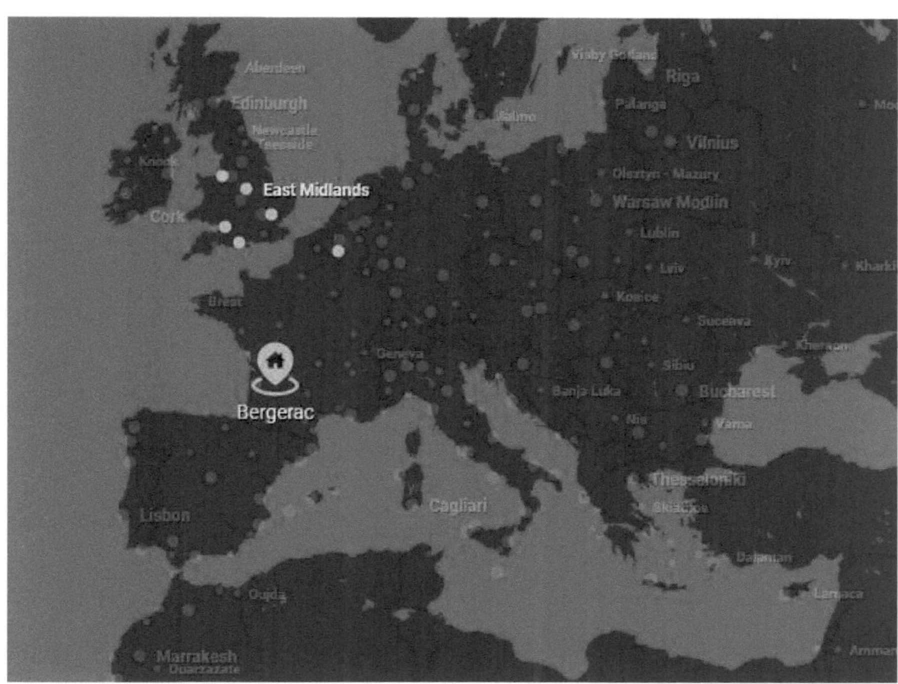

Рисунок-27. *Маршрутная сеть ирландской бюджетной авиакомпании «Ryanair» из аэропорта г. Брест по состоянию на январь 2022 года*

Рисунок-28. *Маршрутная сеть ирландской бюджетной авиакомпании «Ryanair» из аэропорта г. Биариц по состоянию на январь 2022 года*

Рисунок-29. *Маршрутная сеть ирландской бюджетной авиакомпании «Ryanair» из аэропорта г. Брив по состоянию на январь 2022 года*

Рисунок-30. *Маршрутная сеть ирландской бюджетной авиакомпании «Ryanair» из аэропорта г. Гренобль по состоянию на январь 2022 года*

Рисунок-31. *Маршрутная сеть ирландской бюджетной авиакомпании «Ryanair» из аэропорта г. Доль по состоянию на январь 2022 года*

***Рисунок-32.** Маршрутная сеть ирландской бюджетной авиакомпании «Ryanair» из аэропорта г. Клермонт-Ферран по состоянию на январь 2022 года*

***Рисунок-33.** Маршрутная сеть ирландской бюджетной авиакомпании «Ryanair» из аэропорта г. Ла Рошель по состоянию на январь 2022 года*

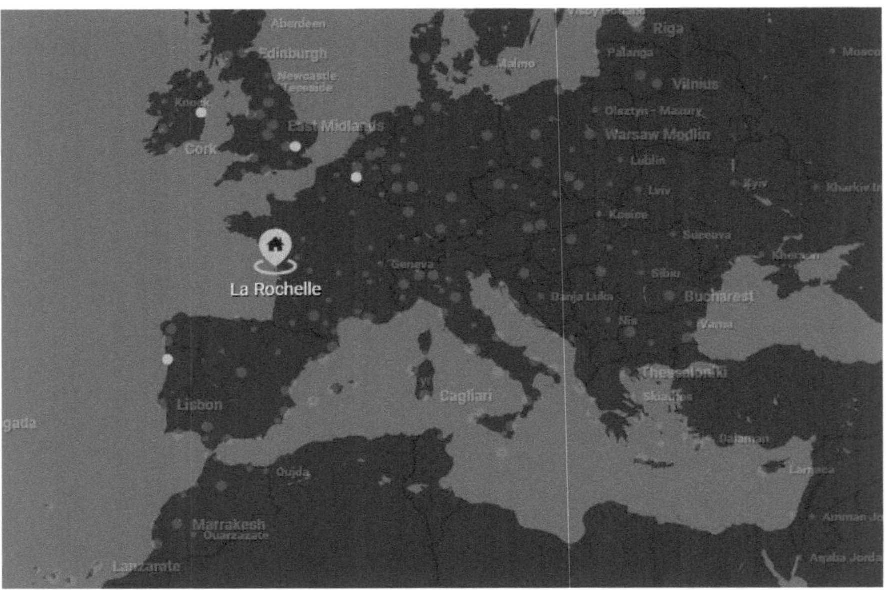

Рисунок-34. *Маршрутная сеть ирландской бюджетной авиакомпании «Ryanair» из аэропорта г. Лиль по состоянию на январь 2022 года*

Рисунок-35. *Маршрутная сеть ирландской бюджетной авиакомпании «Ryanair» из аэропорта г. Лимож по состоянию на январь 2022 года*

Рисунок-36. *Маршрутная сеть ирландской бюджетной авиакомпании «Ryanair» из аэропорта г. Лурд по состоянию на январь 2022 года*

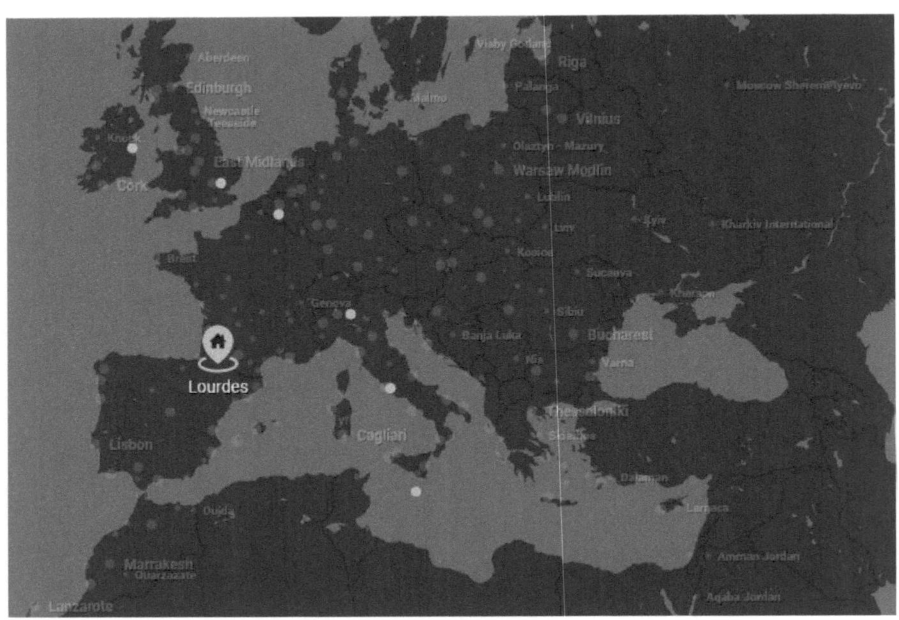

Рисунок-37. *Маршрутная сеть ирландской бюджетной авиакомпании «Ryanair» из аэропорта г. Нант по состоянию на январь 2022 года*

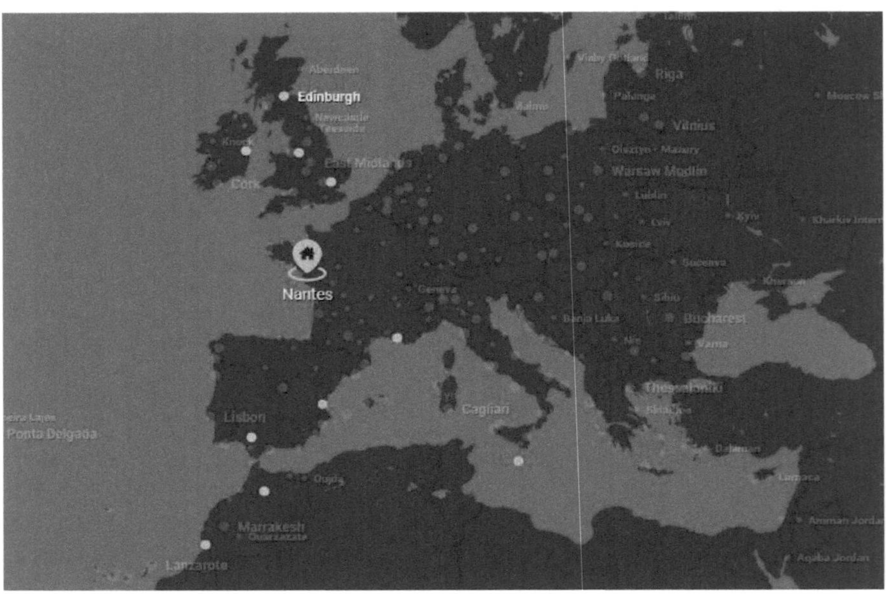

Рисунок-38. *Маршрутная сеть ирландской бюджетной авиакомпании «Ryanair» из аэропорта г. Ним по состоянию на январь 2022 года*

Рисунок-39. *Маршрутная сеть ирландской бюджетной авиакомпании «Ryanair» из аэропорта г. Ницца по состоянию на январь 2022 года*

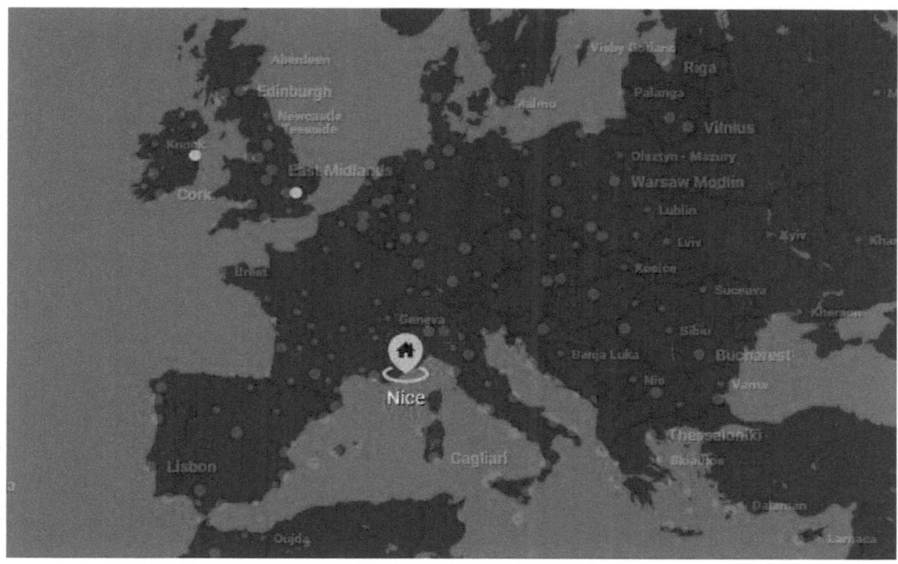

Рисунок-40. *Маршрутная сеть ирландской бюджетной авиакомпании «Ryanair» из аэропорта г. Париж-Ватри, по состоянию на январь 2022 года*

Рисунок-41. *Маршрутная сеть ирландской бюджетной авиакомпании «Ryanair» из аэропорта г. Пуатье по состоянию на январь 2022 года*

Рисунок-42. *Маршрутная сеть ирландской бюджетной авиакомпании «Ryanair» из аэропорта г. Родез по состоянию на январь 2022 года*

Рисунок-43. *Маршрутная сеть ирландской бюджетной авиакомпании «Ryanair» из аэропорта г. Тур по состоянию на январь 2022 года*

Представленные данные свидетельствуют о том, что «Ryanair» на территории Франции имеет достаточно развитую маршрутную сеть и французский рынок для авиакомпании является достаточно привлекательным с точки зрения развития своего присутствия. Сеть европейских хабов позволяет авиакомпании развивать высокими темпами маршрутную сеть, а регулярное пополнение парка воздушных судов новыми, более вместительными моделями лайнеров, позволяет увеличивать перевозные мощности.

Важно отметить, что «Ryanair» завоевала авторитет «пунктуального» и «недорогого» авиаперевозчика. По многим направлениям стоимость авиабилетов компании существенно ниже прямых конкурентов. Единственный минус – это особенности лайнера Boeing 737, расстояние между креслами меньше, чем у конкурирующих моделей Airbus, что делает 4-5 часовой перелет не совсем комфортным по отзывам пассажиров. Но маршрутная сеть «Ryanair» - это рейсы малой и средней протяженности от 500 до 2500 км, воздушные суда проводят в полете не более 2-2,5 часов времени.

«Ryanair» оказывает существенное влияние на французский рынок авиаперевозок и является ключевым игроком в направлении Великобритания - Франция, связывая регионы Соединенного Королевства и Французской Республики регулярным авиасообщением. В случае расширения парка воздушных судов на 200-300 единиц «Ryanair» сохранит за собой лидерство, и долгое время будет являться крупнейшей бюджетной авиакомпанией мира.

Глава-3. Венгерская бюджетная авиакомпания «*Wizz Air*» на французском рынке пассажирских авиаперевозок.

Венгерская авиакомпания «Wizz Air» является одной из ведущих бюджетных авиакомпаний Европы. Она была основана в 2003 году в Венгрии, ключевым инвестором которой стала американская инвестиционная компания «Indigo Partners». Авиакомпания быстро завоевала популярность на рынке авиаперевозок и продемонстрировала рекордные темпы роста и развития.

Чем был обусловлен рост и развитие авиакомпании «Wizz Air»?

Напомним, что старейшими бюджетными авиакомпаниями Европы являются ирландская «Ryanair» (образована в 1985 году) и британская «easyJet» (образована в 1995 году). Однако на территории Центральной и Восточной Европы не существовало бюджетных авиаперевозчиков. Рынок был поделен межу классическими и чартерными авиакомпаниями.

Бизнес модель компании из Центральной Европы оказалась эффективной, а спрос на бюджетные авиаперевозки год от года возрастал. На начальном этапе становления сегмента бюджетных авиаперевозок с 2004г. по 2008г. бюджетные авиакомпании допускали определенные просчеты в маркетинговой стратегии и в принципах организации маршрутной сети.

Дублировать маршруты классических авиакомпаний было заведомо неэффективным шагом. На всех ключевых направлениях (между столицами европейских государств) рейсы выполняли национальные авиакомпании двух стран.

Например: рейсы по маршруту Париж - Берлин выполняла французская «Air France» и немецкая «Lufthansa». В случае роста пассажиропотока слоты разделялись между двумя компаниями. Национальные авиаперевозчики увеличивали количество рейсов, тем самым удовлетворяя потребности растущего рынка. Появление в этой организационной структуре новых игроков – бюджетных авиакомпаний, не дало бы существенного результата; возможный сценарий – снижение маржинальности классических авиакомпаний. Это, в свою очередь, заставило бы классических авиаперевозчиков снизить издержки, исключив часть услуг из авиа перелета. Тем самым классические авиакомпании сравнялись бы по организационной модели с бюджетными авиаперевозчиками на внутри европейском рынке. Однако на французском рынке ситуация другая.

Нужно понимать специфику рынков, а рынки имеют ярко выраженный национальный оттенок.

Франция осуществляет сборку широкофюзеляжных, дальнемагистральных воздушных судов на заводе европейской авиастроительной корпорации «Airbus SE» в городе Тулуза. В Гамбурге (Германия) осуществляют сборку узкофюзеляжных среднемагистральных лайнеров. Две европейские авиастроительные державы, имеющие доступ к самым совершенным технологиям гражданского самолетостроения, а на внутренних рейсах авиакомпании «Air France» (классическая авиакомпания, национальный авиаперевозчик Франции) нет салона бизнес класса. В это трудно поверить, но это действительно так: все пассажиры располагаются в одном классе, а бизнес класс на внутренних направлениях не предусмотрен. Почему? Французские пассажиры не готовы переплачивать в 2-3 раза за часовой или полуторачасовой перелет в бизнес классе. Авиакомпания «Air France», руководствуясь принципом минимизации рисков, реализует авиабилеты только в одном классе, чтобы исключить потери, связанные с низкой загруженностью салона воздушного судна. При этом все соседние государства имеют на внутренних рейсах (в рамках своей страны) двух классовую компоновку.

Почему французский рынок является очень привлекательным для европейских бюджетных авиакомпаний?

Одной из основных особенностей является лояльность французского пассажира к комфорту авиа перелета. Безусловно, французский пассажир учитывает состояние парка авиакомпании и откажется от путешествия на лайнерах 20-30 - летней давности африканской или восточноевропейской авиакомпаний, однако, при прочих равных условиях он выберет вариант с наименьшей стоимостью авиабилетов. Поэтому особым спросом пользуются утренние и вечерние рейсы авиакомпаний, которые укомплектованы на 95% - 100%.

Что получила Франция при развитии сегмента бюджетных авиаперевозок?

- Региональные аэропорты продемонстрировали рекордный рост пассажиропотока;

- Начала активно развиваться региональная авиатранспортная инфраструктура страны;

- Повысилась мобильность населения;

- Начал развиваться показатель внутреннего и международного туризма;

- Зарубежные туристы получили возможность самостоятельных путешествий в несколько стран за одну поездку, прибывая в Европу из Азии или Америки.

Таким образом, сегментация рынка и развитие бюджетного сегмента в структуре рынка пассажирских авиаперевозок оказали положительный эффект на европейский рынок пассажирских авиаперевозок.

Рассмотрим маршрутную сеть венгерской бюджетной авиакомпании «Wizz Air» по состоянию на январь 2022 года.

Рисунок-44. *Маршрутная сеть венгерской бюджетной авиакомпании «Wizz Air», январь 2022 г.*

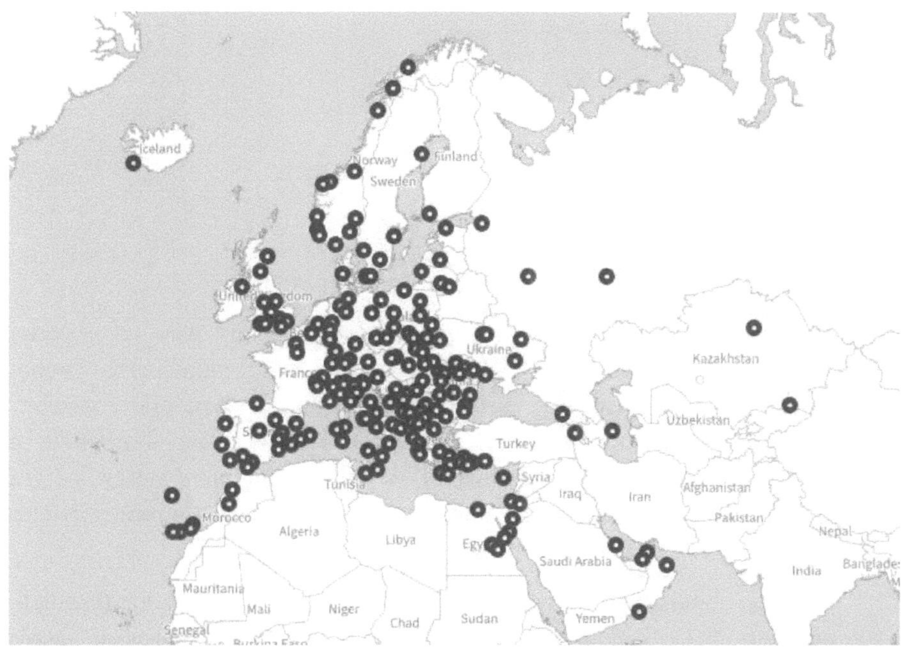

«Wizz Air» имеет достаточно развитую маршрутную сеть, которая охватывает не только Европу, но и Северную Африку, Ближний Восток,

Восточную Европу и Центральную Азию. Таким образом, «Wizz Air» является единственной европейской бюджетной авиакомпанией с присутствием в Центральной Азии. Авиакомпания выполняет регулярные рейсы из аэропортов г. Алматы и г. Нур-Султан в Будапешт. Однако во Франции «Wizz Air» представлена крайне ограниченно. Она выполняет рейсы из нескольких аэропортов: г. Гренобль, г. Лион, г. Ницца, г. Париж (Бове и Орли).

Рисунок-45. *Маршрутная сеть венгерской бюджетной авиакомпании «Wizz Air» на базе аэропорта г. Гренобль, январь 2022 г.*

Только два направления обслуживает «Wizz Air» в аэропорту Гренобля, связующие город с Польшей и Великобританией. Но, Гренобль является промышленным центром Франции, всемирно известных туристических достопримечательностей ни в городе, ни в регионе нет. Жители соседних стран: Швейцарии и Италии не пользуются услугами аэропорта (по аналогии других французских аэропортов, например, Ниццы и Базель-Мюлуз).

Лион связан регулярным авиасообщением только с Италией и Румынией. Но, опять же, Лион не является туристическим центром Франции, несмотря на богатую историю и численность населения свыше 500 тыс. жителей.

***Рисунок-46.** Маршрутная сеть венгерской бюджетной авиакомпании «Wizz Air» на базе аэропорта г. Лион, январь 2022 г.*

***Рисунок-47.** Маршрутная сеть венгерской бюджетной авиакомпании «Wizz Air» на базе аэропорта г. Ницца, январь 2022 г.*

Лишь в Ницце авиакомпания имеет более развитую маршрутную сеть, но это туристический центр Франции и одна из крупнейших европейских агломераций.

Рисунок-48. *Маршрутная сеть венгерской бюджетной авиакомпании «Wizz Air» на базе аэропорта г. Париж-Бове, январь 2022 г.*

Рисунок-48. *Маршрутная сеть венгерской бюджетной авиакомпании «Wizz Air» на базе аэропорта г. Париж-Орли, январь 2022 г.*

В столичных аэропортах «Wizz Air» представлена только в Бове и Орли, но значительная часть направлений входит в структуру маршрутной сети Бове. Парижский аэропорт Бове сконцентрирован на сотрудничестве с бюджетными авиакомпаниями. Примечательно то, что «Wizz Air» исторически имеет наибольшую концентрацию в центрально европейской и восточноевропейской части.

Рисунок-50. *Аэропорт Париж-Бове, Франция.*

«Wizz Air» активно расширяет маршрутную сеть в Прибалтике и на Украине. Для выхода на рынок России, авиакомпания открыла два направления, связавших Москву с Лондоном и Будапештом. Далее было открыто направление в Дебрецен. Следующим шагом стало развитие регионального хаба на базе аэропорта Пулково (г. Санкт-Петербург) и открытие регулярного авиасообщения между Казанью и Будапештом. Рейсы в Республику Казахстан также востребованы. Как было отмечено выше, «Wizz Air» - первая и, на сегодняшний день, единственная европейская бюджетная авиакомпания, представленная в Центральной Азии.

Сайт авиакомпании «Wizz Air» на русском языке не достаточно информативен. В нем указана общая информация о компании (по состоянию до 2016 года) и структура маршрутной сети. Возможно, при расширении бизнеса в России, авиакомпания изменит сайт, сделав его более насыщенным. Информативность сайта важна для пассажира, так как при запросе стоимости авиа перелета наиболее важной является информация о парке воздушных судов данной авиакомпании, ее истории и маршрутной сети, актуальной на момент запроса.

Проведем анализ парка воздушных судов венгерской бюджетной авиакомпании «Wizz Air». В парке авиакомпании значатся лайнеры Airbus A-320-200, Airbus A-320 neo, Airbus A-321-200, Airbus A-321 neo, и заказаны Airbus A-321XLR. Вместимость лайнеров от 180 до 230 пассажиров.

Таблица-2. *Парк воздушных судов венгерской бюджетной авиакомпании «Wizz Air» по стоянию на январь 2022 год, ед.*

Лайнер	Количество в парк, ед.	Заказано, ед.
Airbus A-320-200	61	-
Airbus A-320 neo	6	59
Airbus A-321-200	41	-
Airbus A-321 neo	38	225
Airbus A-320 XLR	-	47

По итогам деятельности за 2019 год (докризисный период), «Wizz Air» была авиакомпанией с наибольшим показателем эксплуатационной эффективности. В среднем, одно воздушное судно, перевозило за год около 360 тысяч пассажиров, что является рекордным показателем в отрасли.

При формировании парка воздушных судов «Wizz Air» делает ставку на снеднемагистральные узкофюзеляжные воздушные суда, вместимостью не менее 180 пассажиров. Аналогичная вместимость у «Boeing 737» ирландского авиаперевозчика «Ryanair», а «easyJet», «Volotea» и «Vueling» располагают воздушными судами Airbus A-319-100 и Airbus A-320-200. Тот факт, что «Wizz Air» имеет и приобретает в общем количестве более 250 лайнеров Airbus A-321 neo (крупнейшая сделка в истории Airbus SE») свидетельствует о том, что авиакомпания наращивает перевозные мощности и ожидает рост пассажиропотока в бюджетном сегменте.

Кроме этого, авиаперевозчик закупает 47 лайнеров Airbus A-320 XLR – это модификация с увеличенной дальностью полета. Следовательно, «Wizz Air» планирует расширять свое присутствие на внешних рынках.

Лайнеры модификации «neo» - это более эффективные варианты моделей Airbus A-320-200 и Airbus A-321-200, что позволит авиакомпании стать еще более конкурентной в своем сегменте. Однако испанская авиакомпания «Volotea» также приобретает лайнеры модификации «neo». Поэтому единственным вариантом конкурентной борьбы будет снижение стоимости авиабилетов или повышение уровня сервиса базового тарифа.

Рисунок-51. *Лайнер Airbus A-320-200 венгерской бюджетной авиакомпании «Wizz Air»*

Рисунок-52. *Лайнер Airbus A-321-200 венгерской бюджетной авиакомпании «Wizz Air»*

Безусловно, эта линия классических модификаций семейства Airbus A-320 уходит в историю и им на смену приходят новые модели с классификацией «neo». По многим показателям они превосходят своего ближайшего конкурента - лайнеры «Boeing», к тому же эксплуатация в Европе лайнеров национального авиа производителя более предпочтительна для авиакомпаний. Безусловно, имея планы по расширению парка воздушных судов до более, чем 500 единиц, «Wizz Air» имеет серьезные планы по увеличению своего присутствия, как на европейском, так и на смежных рынках пассажирских авиаперевозок в бюджетном сегменте.

Рисунок-53. *Лайнер Airbus A-321 neo венгерской бюджетной авиакомпании «Wizz Air»*

«Wizz Air» слабо представлена на французском рынке, но ее бизнес модель подразумевает непрерывное развитие. Планы по расширению парка свидетельствуют о том, что авиакомпания будет усиливать свои позиции на рынке и французский рынок может стать одним из перспективных направлений для ее развития.

Парадоксальным является тот факт, что европейские бюджетные авиакомпании по состоянию на 2022 год располагают более современным парком воздушных судов по сравнению с ведущими национальными авиакомпаниями классического сегмента. При этом рынок бюджетных авиаперевозок развивается чуть более 20 лет, а истории гражданской авиации уже более 100 лет.

Глава-4. Испанская бюджетная авиакомпания «*Air Europa*» на французском рынке пассажирских авиаперевозок.

При подготовке и написании настоящего издания я не оставил без внимания деятельность еще одной европейской авиакомпании бюджетного сегмента – это испанская авиакомпания «Air Europa». В чем ее особенность и что способствовало ее включению в структуру настоящего издания?

- Авиакомпания была образована в 1996 году;

- Флот авиакомпании состоит из 38 лайнеров, в котором преобладают дальнемагистральные широкофюзеляжные воздушные суда;

- Авиакомпания имеет смешанную организационную структуру – это чартерная и, одновременно, бюджетная авиакомпания;

- Авиакомпания представлена на всех континентах;

- Авиакомпания активно интегрируется в южноамериканский рынок.

Представим вниманию читателя маршрутную сеть испанской авиакомпании «Air Europa» по состоянию на январь 2022 года. Редким для бюджетного перевозчика является пример присутствия на всех континентах и специфичным - эксплуатация широкофюзеляжных, дальнемагистральных воздушных судов.

Рисунок-54. *Маршрутная сеть испанской авиакомпании «Air Europa» по состоянию на январь 2022 года*

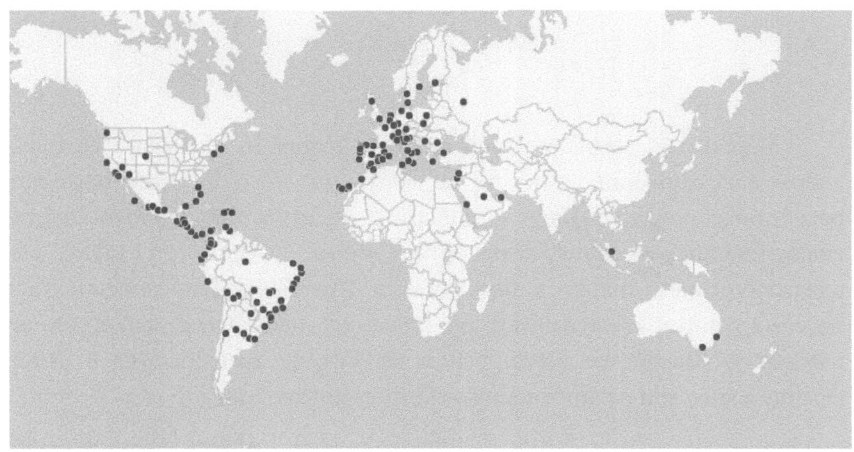

Наибольшее присутствие авиакомпания имеет на национальном испанском рынке и на территории Европы, однако, она активно развивает направления в Южную и Центральную Америку и, по оценкам экспертов, имеет все основания для эффективной международной интеграции в эти регионы. Южная и Центральная Америка весьма привлекательны для бюджетных авиаперевозчиков, это развивающиеся рынки с высоким показателем роста пассажиропотока (до докризисного 2020 года).

Рисунок-55. *Маршрутная сеть испанской авиакомпании «Air Europa» (Франция, аэропорт Париж-Орли) по состоянию на январь 2022 года*

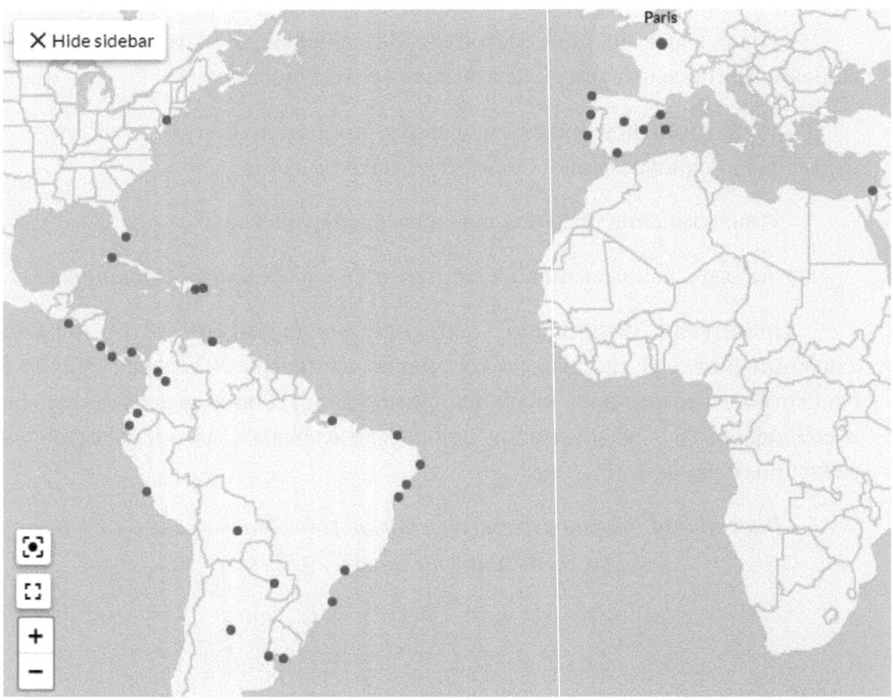

Парижский аэропорт Орли является одним из ключевых европейских хабов авиакомпании, а всего во Франции «Air Europa» осуществляет регулярные рейсы из двух аэропортов, помимо Париж-Орли, партнером авиакомпании является аэропорт Тулузы. Однако Тулуза связана авиасообщением только с Бразилией и Уругваем. Трансконтинентальный пассажиропоток обслуживают во Франции, преимущественно, столичные аэропорты. Вероятнее всего, рейсы из Тулузы выполняются в интересах французского или латиноамериканского туроператора.

Рисунок-56. *Маршрутная сеть испанской авиакомпании «Air Europa» (Франция, аэропорт Тулузы) по состоянию на январь 2022 года*

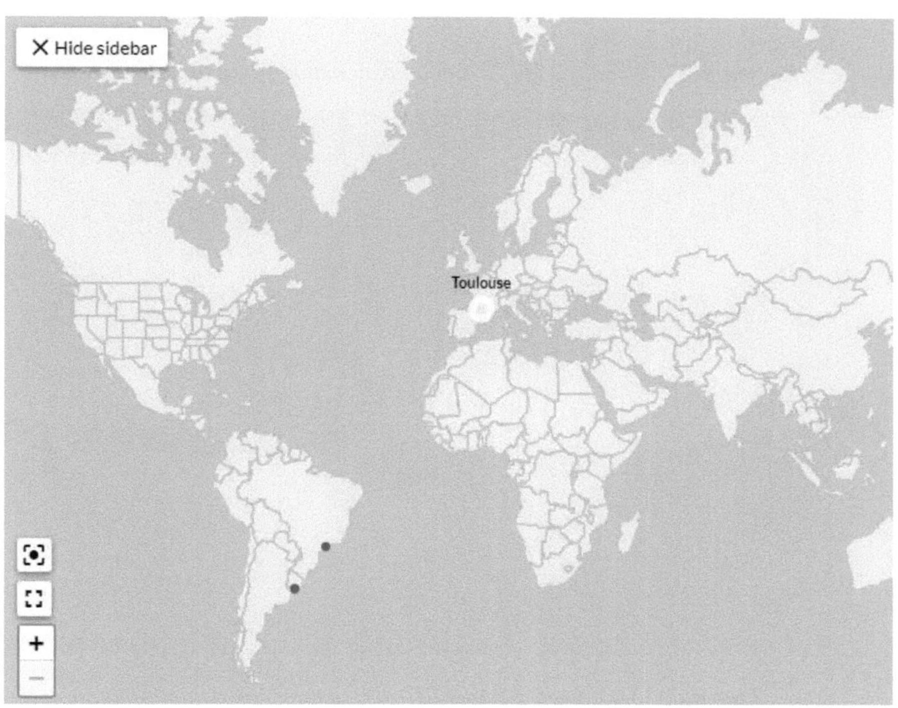

Приведем данные анализа парка воздушных судов испанского авиаперевозчика. Отметим, что средний возраст парка составляет 7 лет.

Таблица-3. *Парк воздушных судов испанской авиакомпании «Air Europa» по состоянию на январь 2022 года.*

Лайнер	Количество в парке, ед.
ATR-72	2
Boeing 737-800	14
Boeing 787	16
Embraer ERJ-195	6
ИТОГО:	**38**

Лайнеры ATR-72, Boeing 737-800 и Embraer ERJ-195 обслуживают внутри европейские рейсы. Широкофюзеляжные, дальнемагистральные Boeing 787 обслуживают межконтинентальные регулярные и чартерные авиарейсы. Возраст более 10 лет имеют Embraer ERJ-195, остальные воздушные суда имеют возраст от 1 до 5 лет. Вероятно, авиакомпания выведет Embraer ERJ-195 на обслуживание рейсов внутри Латинской Америки.

Рисунок-57. *Лайнер ATR-72 испанской авиакомпании «Air Europa»*

Рисунок-58. *Лайнер Boeing 737-800 испанской авиакомпании «Air Europa»*

Примечательным фактом является то, что авиакомпания осуществляет эксплуатацию лайнеров европейского, американского, бразильского и французского производства, т.е. государств, в которых имеет свое присутствие.

Рисунок-59. *Лайнер Boeing 787 испанской авиакомпании «Air Europa»*

Рисунок-60. *Лайнер Embraer ERJ-195 испанской авиакомпании «Air Europa»*

А теперь подведем итог. Имеет ли авиакомпания «Air Europa» влияние на рынок пассажирских авиаперевозок Франции? Нет. Авиакомпании интересно развивать бизнес в сегменте дальнемагистральных направлений и компания активно расширяет маршрутную сеть между Испанией, Францией по направлениям Центральная и Южная Америка. Сегмент региональных авиаперевозок внутри Европы авиакомпании не интересен. «Air Europa» является единственной в мире авиакомпанией, которая интегрирована на все континенты и активно развивает свой бизнес в Центральной и Южной Америке. Усиливать свои позиции на французском рынке компания не планирует. Наиболее привлекательным в Европе авиакомпания видит для своего развития испанский рынок. Вероятно, это связано с теми преференциями, которые оказывает испанское правительство авиакомпаниям с целью развития национальной системы туризма.

Глава-5. Испанская бюджетная авиакомпания «*Volotea*» на французском рынке пассажирских авиаперевозок.

Испанская бюджетная авиакомпания «Volotea» - это достаточно молодой, но динамично развивающийся игрок на европейском рынке пассажирских авиаперевозок в бюджетном сегменте. Авиакомпания была образована в 2011 году, а свой первый рейс совершила в марте 2012 года. Как мы знаем, этот период ознаменовался структурным изменением европейского рынка в условиях преодоления кризиса 2008-2009 гг. и был обусловлен ростом и развитием сегмента бюджетных авиаперевозок. Штаб компании располагается в Барселоне (Испания), а сама авиакомпания концентрирует свою маршрутную сеть на европейском континенте.

С чего начинала «Volotea»? Ее первоначальный флот состоял из лайнеров Boeing 717-200. Данная модель лайнера не является успешной с точки зрения продаж и ее эксплуатационной эффективности. За время производства с 1998г. по 2006г. было выпущено всего 156 единиц техники. Это несравнимо мало с показателями выпуска моделей Boeing-737 и Airbus семейства 320. Но «Volotea», заходя на рынок авиаперевозок в бюджетный сегмент, осуществляла эксплуатацию данных лайнеров вплоть до января 2021 года. Решение об эксплуатации лайнеров имело определенные риски, но, в итоге, оказалось оправданным.

Рисунок-61. *Лайнер Boeing 717-200 испанской бюджетной авиакомпании «Volotea»*

Авиакомпания «Volotea» начала строить свою маршрутную сеть по достаточно новым принципам для европейского рынка. Имея лайнеры, вместимость которых составляла немногим более 100 мест, авиакомпания смогла выстроить маршрутную сеть между региональными аэропортами с достаточно низким показателем загруженности. Эти направления были не эффективны для лайнеров вместимостью 150-220 мест по причине низкого пассажиропотока. А «Volotea» демонстрировала достаточно высокий показатель средней загруженности салона. При этом второй отличительной особенностью стало выполнение регулярных рейсов с периодичностью 1-3 раза в неделю по данному маршруту. Располагая флотом в 20 единиц, авиакомпания смогла объять маршрутной сетью значительную часть европейского континента. Те направления, на которые ранее выходили «Ryanair» и «easyJet», и которые в дальнейшем закрывались по причине их не востребованности, перешли к «Volotea», располагавшей идеальным для подобных маршрутов парком воздушных судов.

Рисунок-62. *Маршрутная сеть испанской бюджетной авиакомпании «Volotea» январь 2022 года*

В 2020 году, в период пандемии и ограничения международного авиасообщения, «Volotea» оптимизировала маршрутную сеть, но не прибегла к вынужденному простою. Рейсы выполнялись, но не в тех объемах, что были ранее. Более того, «Volotea» объявляла неоднократно распродажу авиабилетов по цене от 9 евро, что многократно вызывало критику со стороны конкурентов. Однако «Volotea» изначально выбрала неконкурентный сегмент при построении маршрутной сети. Парадоксальным оказалась ситуация, когда от 50% до 90% рейсов в структуре небольшого регионального аэропорта Франции, Италии или Испании выполнялись лайнерами «Volotea». Приведем несколько таких примеров.

Рисунок-63. *Расписание регулярных рейсов аэропорта г. Генуя (Италия), временное расписание на период январь-март 2021 года*

DESTINAZIONE	COMPAGNIA	N. VOLO	PARTENZE		L	MA	ME	G	V	S	D
Alghero*	VOLOTEA	V7 1706	06.00	07.10						✈	✈
Bari	RYANAIR	FR 8703	18.00	19.30	✈		✈		✈		
Brindisi*	VOLOTEA	V7 1774	15.45	17.20						✈	✈
Cagliari	VOLOTEA	V7 1801	10.55	12.15		✈		✈		✈	
Catania	VOLOTEA	V7 1727	11.00	12.45	✈	✈	✈	✈	✈	✈	✈
Lamezia Terme	VOLOTEA	V7 1818	09.25	10.55		✈			✈		
Lampedusa*	VOLOTEA	V7 1814	14.55	15.45						✈	
Napoli	VOLOTEA	V7 1633	12.30	13.55	✈	✈	✈	✈	✈	✈	✈
Napoli	RYANAIR	FR 4677	09.45	11.05		✈		✈		✈	
Olbia*	VOLOTEA	V7 1656	22.55	00.05	✈	✈	✈	✈	✈	✈	✈
Palermo	VOLOTEA	V7 1521	06.30	08.00	✈	✈	✈	✈	✈	✈	✈
Pantelleria*	VOLOTEA	V7 1652	06.15	07.50						✈	
Roma FCO	Alitalia	AZ 1380	06.45	07.50	✈	✈	✈	✈	✈	✈	✈
Roma FCO	Alitalia	AZ 1386	15.10	16.15	✈	✈	✈	✈	✈	✈	✈

Ярким и убедительным является приведенный пример, но он не является обыденным на современном рынке пассажирских авиаперевозок. Доминирующее положение в структуре маршрутной сети регионального аэропорта занимают бюджетные авиаперевозчики. Более того, обратим внимание на то, что аэропорт Генуи – это итальянский аэропорт, а итальянская авиакомпания «Alitalia» выполняет только два рейса в день по одному направлению (Генуя-Рим). 90% рейсов, в структуре маршрутной сети, выполняет испанская бюджетная авиакомпания «Volotea» и ирландская бюджетная авиакомпания «Ryanair».

Международный аэропорт имени Христофора Колумба (Aeroporto di Genova) – важный элемент национальной авиатранспортной системы Италии, обеспечивающий авиасообщением жителей региона. Несмотря на близость других аэропортов (в первую очередь аэропортов Милана), жители региона имеют возможность совершать авиа перелеты до Рима и других крупных городов Европы из собственного аэропорта, благодаря развитой маршрутной сети бюджетных авиаперевозчиков. Несмотря на то, что аэропорт не является национальным авиатранспортным узлом, но он стабильно обеспечивает потребности жителей региона в недорогом и развитом авиасообщении.

Рисунок-64. *Аэропорта г. Генуя (Италия),2020 г.*

Вернемся к анализу парка воздушных судов «Volotea». В январе 2021 года авиакомпания анонсировала вывод из эксплуатации лайнеров Boeing 717-200, и расширение парка воздушных судов за счет приобретения лайнеров Airbus A-319-100. В середине года «Volotea» анонсировала приобретение лайнеров Airbus A-320-200 также в одно классовой компоновке.

Таким образом, авиакомпания увеличила перевозные мощности. Это было продиктовано реальной необходимостью, так как спрос на услуги авиакомпании значительно возрос в региональных аэропортах Франции, Италии и Испании и весь 2021 год, когда прямые конкуренты в бюджетном сегменте «оптимизировали» маршрутную сеть, «Volotea» активно открывала новые направления.

Рисунок-65. *Лайнер Airbus A-320-200 испанской бюджетной авиакомпании «Volotea»*

Рисунок-66. *Лайнер Airbus A-319-100 испанской бюджетной авиакомпании «Volotea»*

Приобретение лайнеров в кризисный 2021 год является особым явлением на рынке, что повторяет ситуацию 2009 года, когда европейские бюджетные авиакомпании заключили очень выгодные для себя контракты на приобретение лайнеров Airbus, тогда как классические авиакомпании отказывались от ранее заказанных моделей по причине глубокого структурного и финансового кризис отрасли.

По состоянию на январь 2022 года в парке воздушных судов Volotea числится 20 лайнеров Airbus A-319-100 и 20 лайнеров Airbus A-320-200. По заявлениям руководства компании, Volotea рассматривает вопрос увеличения парка до 50 единиц в ближайшем будущем с целью расширения своего присутствия на базе региональных аэропортов Франции и Италии.

Рисунок-67. *Салон воздушного судна Airbus A-319-100 испанской бюджетной авиакомпании «Volotea»*

Если французский рынок является высоко конкурентным в бюджетном сегменте, благодаря развитой маршрутной сети других европейских бюджетных авиаперевозчиков (за исключением «Wizz Air»), то итальянский рынок открыт для «Volotea», и авиакомпания активно наращивает своем присутствие в этом стране. Но тема «Рынок авиаперевозок Италии» - это одна из следующих работ, а мы вернемся к анализу рынка авиаперевозок Франции и рассмотрим влияние испанской бюджетной авиакомпании «Volotea» на рыночную структуру французского рынка.

Отметим, забегая вперед, что влияние «Volotea» на рыночную структуру Франции значительно, и оно усиливается год от года. Франко-голландский бюджетный авиаперевозчик «Transavia» имеет риск проиграть конкурентную борьбу «Volotea». Испанский конкурент эксплуатирует новейшие лайнеры 2020-2021 годов выпуска, в то время как «Transavia» является эксплуатантом лайнеров Boeing 737-700 и Boeing 737-800 и средний возраст парка составляет более 11 лет. Количество лайнеров «Transavia» составляет 35 единиц, что сопоставимо по перевозочным мощностям с совокупным парком «Volotea».

Рисунок-68. *Аэропорты базирования испанской бюджетной авиакомпании «Volotea» на территории Франции по состоянию на 2022 г.*

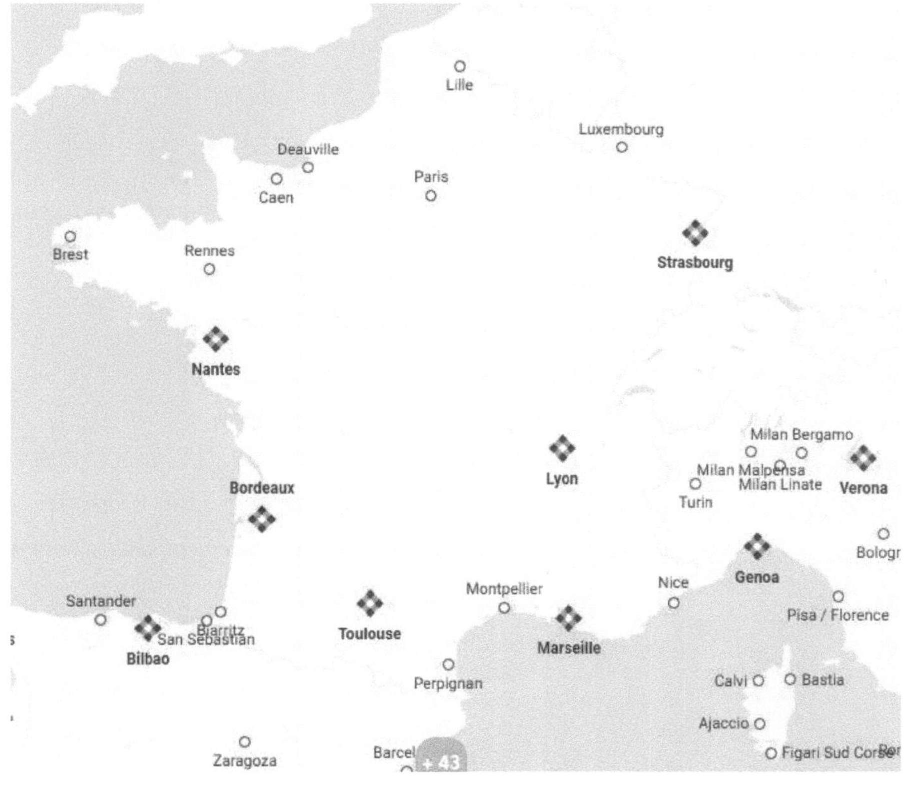

Во Франции аэропорты базирования «Volotea» условно разделены на «хабы» и аэропорты присутствия. Хабами являются аэропорты городов Страсбург, Марсель, Лион, Тулуза, Бордо, Нант. Аэропортов присутствия – 13. Не исключено, что какие-то из аэропортов присутствия в 2022 году станут новыми хабами авиакомпании, например – Ницца или Лиль.

Рассмотрим более внимательно маршрутную сеть аэропортов - хабов «Volotea». Это нам необходимо для определения основных принципов формирования маршрутной сети. Хабы расположены в крупных городах

Франции с высоким показателем агломерации. Маршрутная сеть аэропортов - хабов связана как внутренним авиасообщением (рейсы внутри Франции), так и с государствами Европы; как с другими хабами, так и с аэропортами присутствия.

Рисунок-69. *Маршрутная сеть испанской бюджетной авиакомпании «Volotea» на базе аэропорта - хаба г. Бордо, 2022 г.*

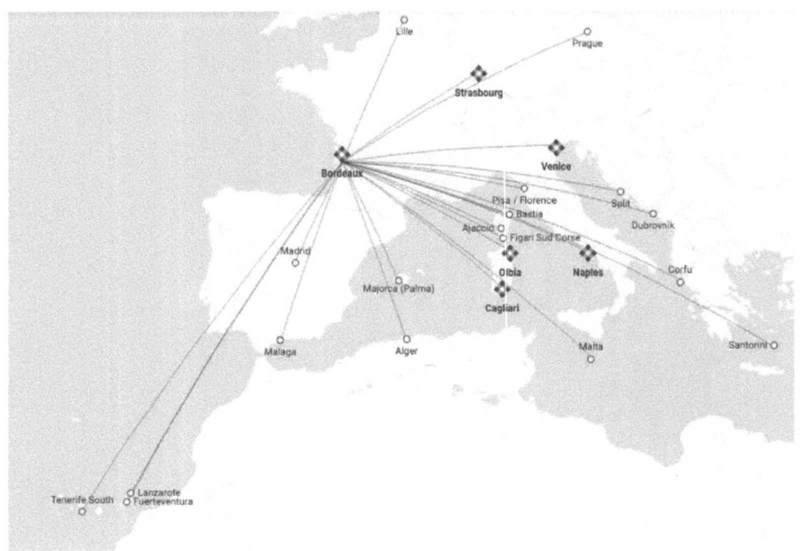

Рисунок-70. *Маршрутная сеть испанской бюджетной авиакомпании «Volotea» на базе аэропорта - хаба, г. Марсель, 2022 г.*

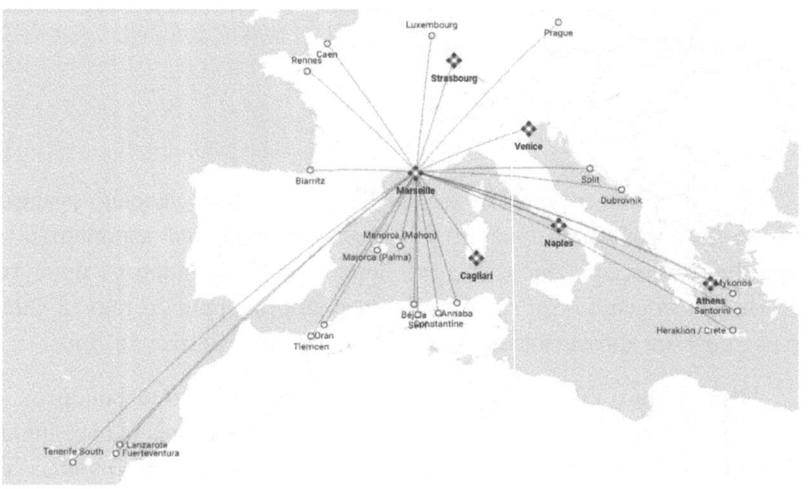

Рисунок-71. *Маршрутная сеть испанской бюджетной авиакомпании «Volotea» на базе аэропорта - хаба, г. Нант, 2022 г.*

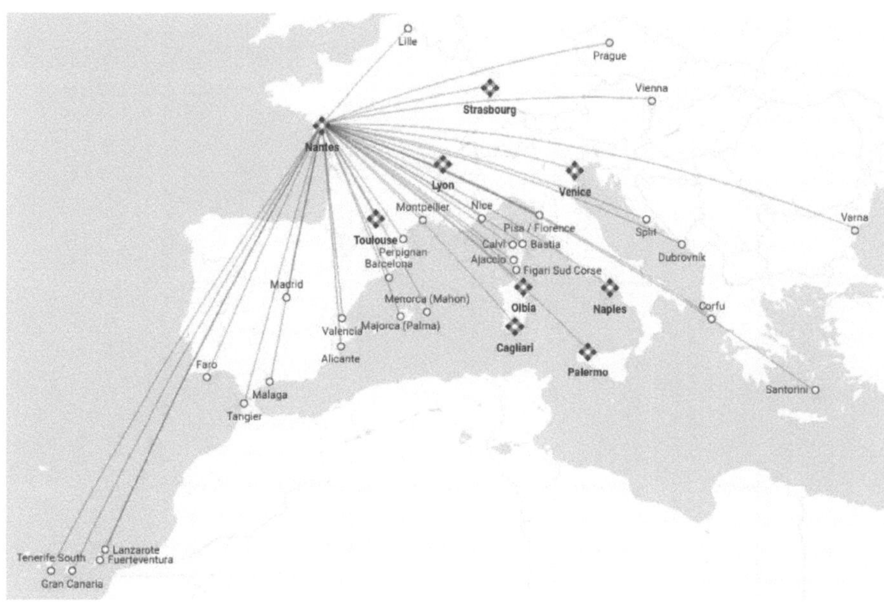

Рисунок-72. *Маршрутная сеть испанской бюджетной авиакомпании «Volotea» на базе аэропорта - хаба, г. Страсбург, 2022 г.*

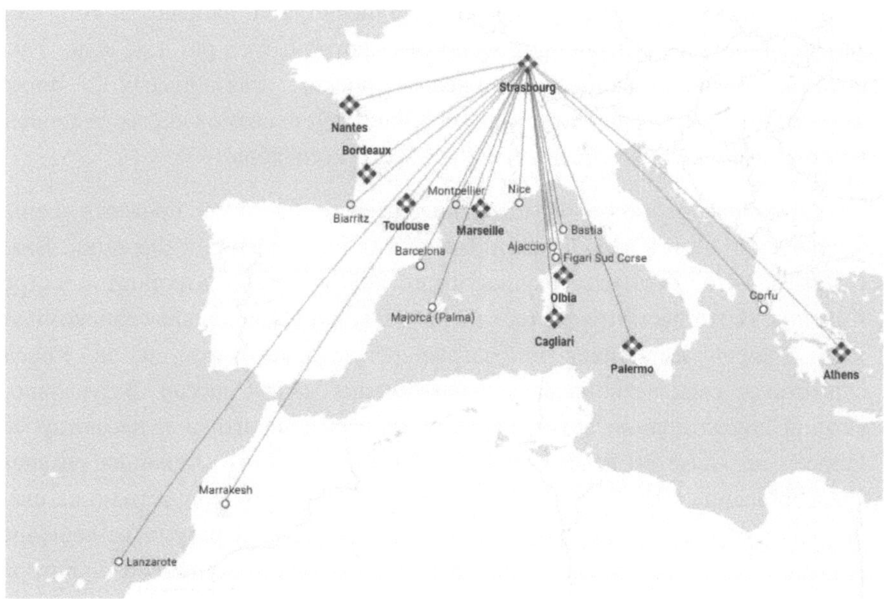

Рисунок-73. *Маршрутная сеть испанской бюджетной авиакомпании «Volotea» на базе аэропорта - хаба, г. Тулуза, 2022 г.*

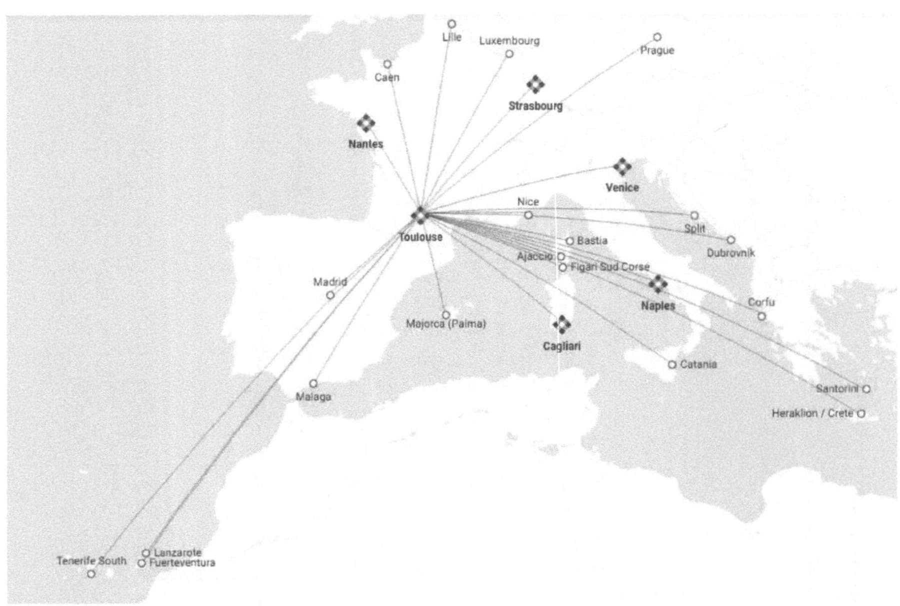

Мы видим, что стандартным хабом обслуживается от 15 до 30 направлений регулярного авиасообщения. По направлениям с высокой загруженностью рейсы выполняются ежедневно, а по направлениям с малой загруженностью - с периодичностью от одного до трех раз в неделю. Таким образом, авиакомпанией снижены риски, связанные с низкой загруженностью и в то же время существует возможность увеличения частоты выполнения рейсов в период с мая по сентябрь.

Но для полноты исследования нам необходимо привести данные маршрутной сети в аэропортах присутствия на территории Франции. Важно отметить, что «Volotea» осуществляет рейсы из 4-х аэропортов острова Корсика. И это несмотря на то, что французская национальная авиакомпания «Air France» выполняет на остров регулярные рейсы и на Корсике существует своя региональная авиакомпания «Air Corsica». Безусловно, у каждой авиакомпании есть своя маркетинговая политика и пассажир «Air France» не является пассажиром «Volotea», но то, что Франция развивает авиасообщение с Иль де ботэ (о. Корсика), благодаря присутствию на рынке бюджетных авиаперевозчиков, несомненно и является разумным решением, направленным на развитие транспортной доступности островной территории.

Рисунок-74. *Маршрутная сеть испанской бюджетной авиакомпании «Volotea» на базе аэропорта г. Аяччо, остров Корсика, 2022 г.*

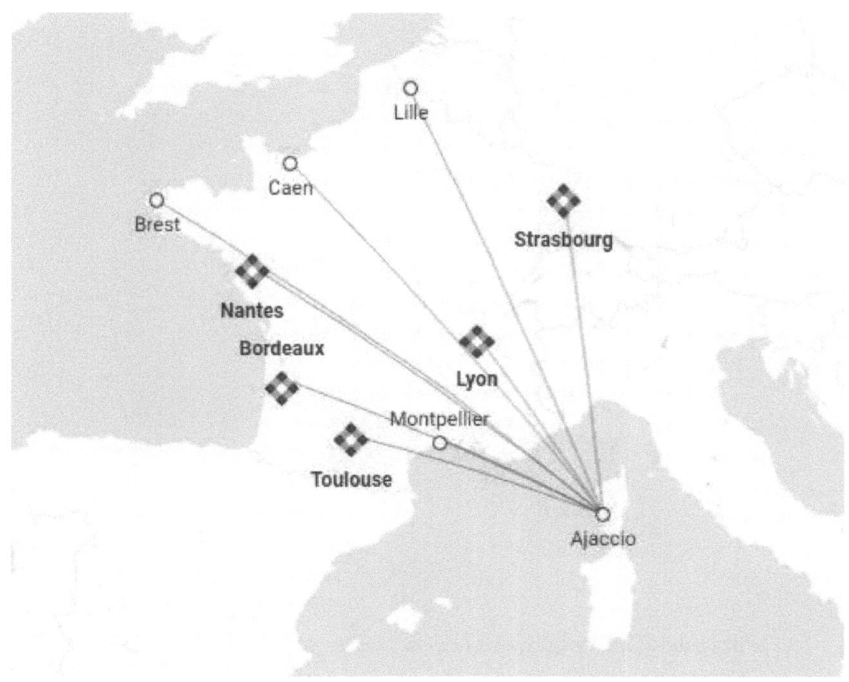

Рисунок-75. *Маршрутная сеть испанской бюджетной авиакомпании «Volotea» на базе аэропорта г. Бастия, остров Корсика, 2022 г.*

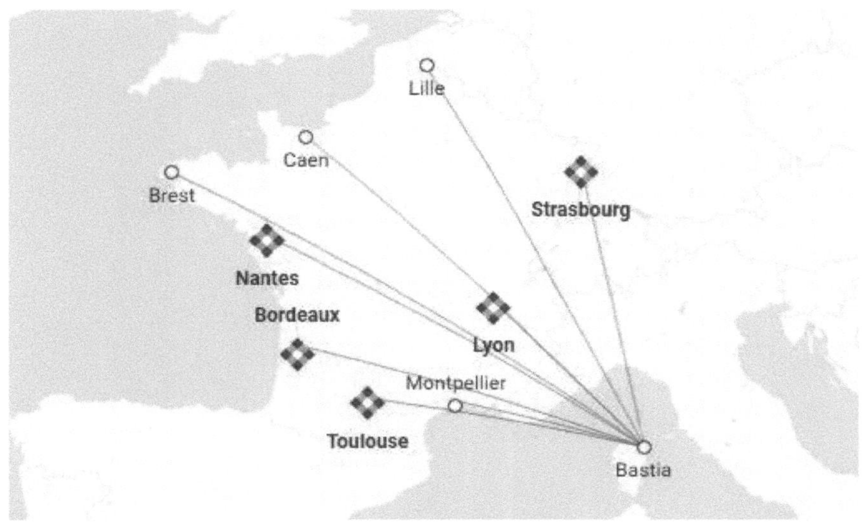

Рисунок-76. *Маршрутная сеть испанской бюджетной авиакомпании «Volotea» на базе аэропорта г. Кальви, остров Корсика, 2022 г.*

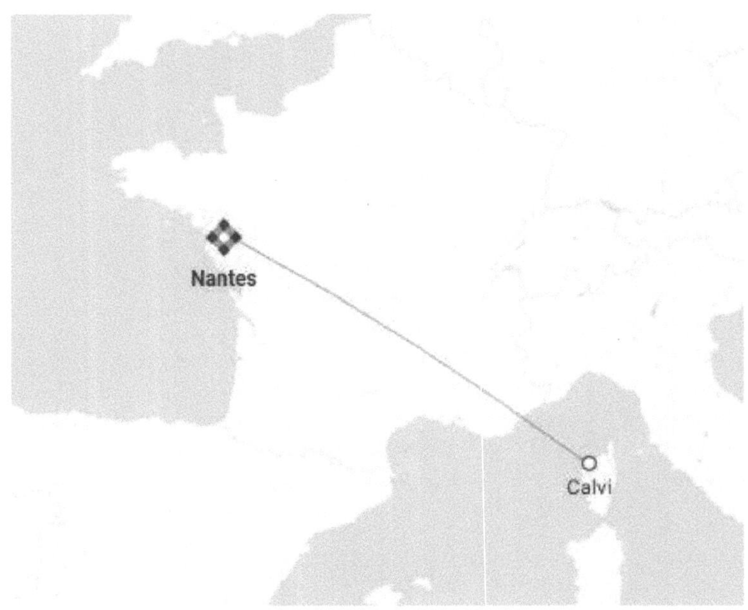

Рисунок-77. *Маршрутная сеть испанской бюджетной авиакомпании «Volotea» на базе аэропорта г. Фигари, остров Корсика, 2022 г.*

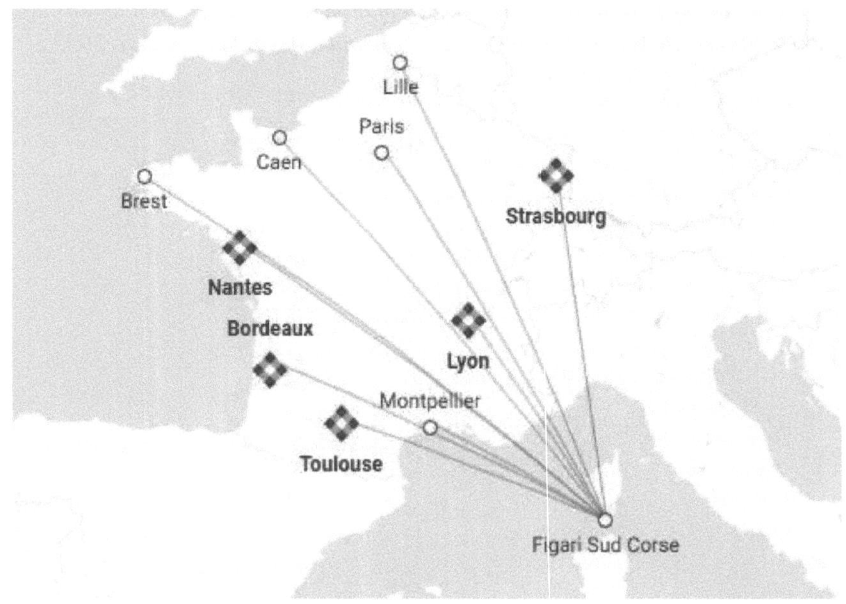

С приходом на рынок «Volotea» транспортная сеть острова Корсика значительно расширилась. Доступность авиасообщения оказала положительное влияние на развитие туризма, а также социо-культурное взаимодействие островитян. С каждым новым открытым направлением Корсика становится ближе к материковой Франции.

Мне бы хотелось принести извинения перед читателями за «нагромождение» текста рисунками маршрутной сети. Возможно, эти данные станут важной оставляющей при изучении истории развития бюджетных авиакомпаний в будущем, но я считаю, что необходимо привести все данные, чтобы читатель мог объективно оценить роль и влияние бюджетных авиакомпаний на рыночную структуру и понять, по каким принципам бюджетные авиаперевозчики выстраивают свою маршрутную сеть. Поэтому мы приведем данные маршрутной сети «Volotea» на базе французских аэропортов: Биариц, Брест, Девиль, Кан, Лиль, Монпелье, Ницца, Париж, Перпеньян. Из разных аэропортов авиакомпания выполняет регулярные авиасообщения от 1 до 9 направлений, но, в зависимости от загруженности, авиакомпания может без труда увеличить частоту выполнения рейсов или расширить свое присутствие на базе аэропорта за счет новых направлений.

Рисунок-78. *Маршрутная сеть испанской бюджетной авиакомпании «Volotea» на базе аэропорта г. Биариц, 2022 г.*

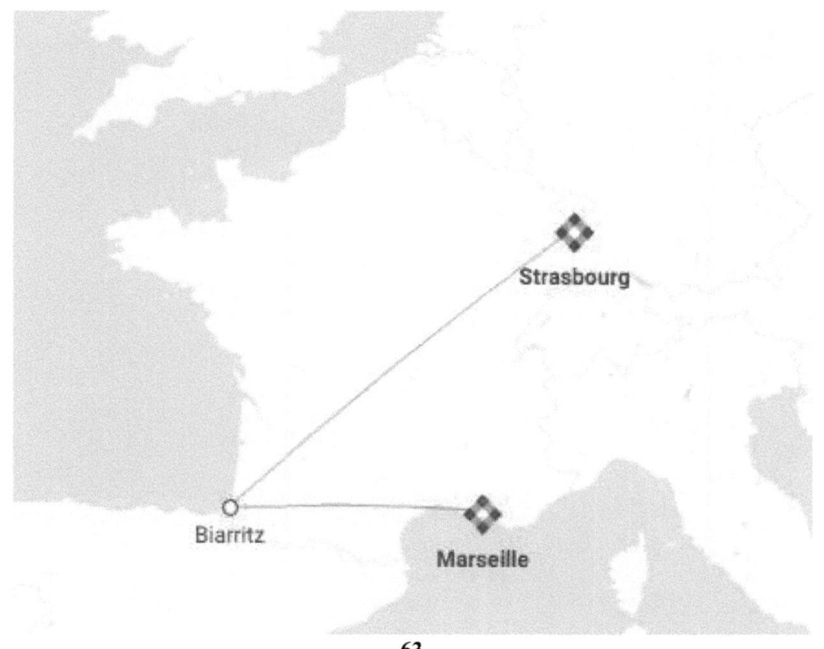

Рисунок-79. *Маршрутная сеть испанской бюджетной авиакомпании «Volotea» на базе аэропорта г. Брест, 2022 г.*

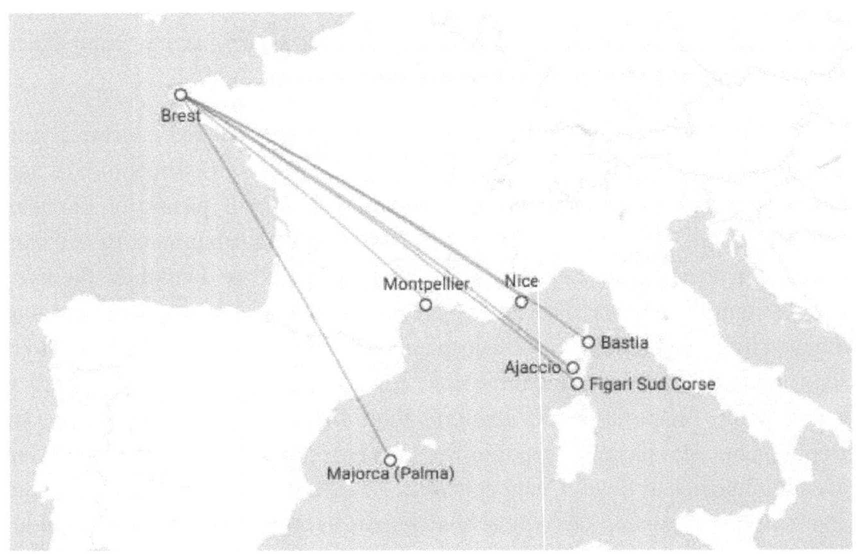

Рисунок-80. *Маршрутная сеть испанской бюджетной авиакомпании «Volotea» на базе аэропорта г. Девиль, 2022 г.*

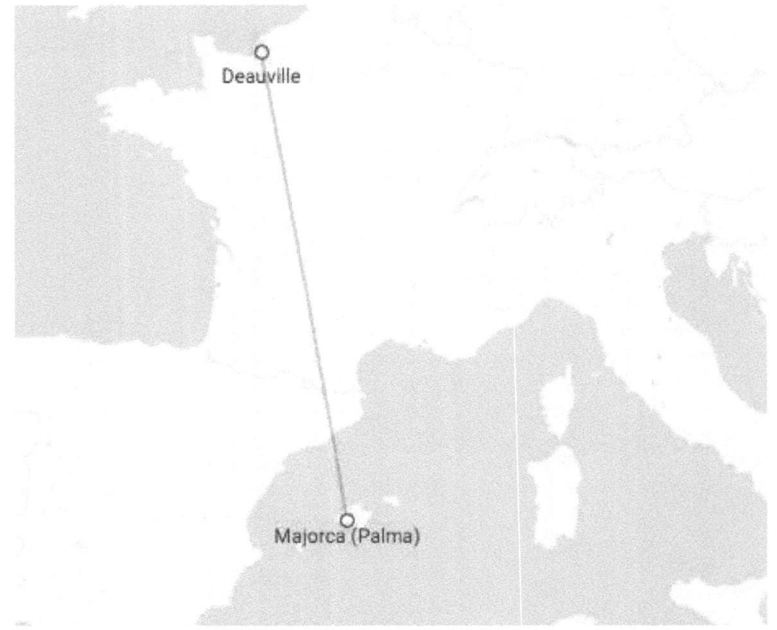

***Рисунок-81.** Маршрутная сеть испанской бюджетной авиакомпании «Volotea» на базе аэропорта г. Кан, 2022 г.*

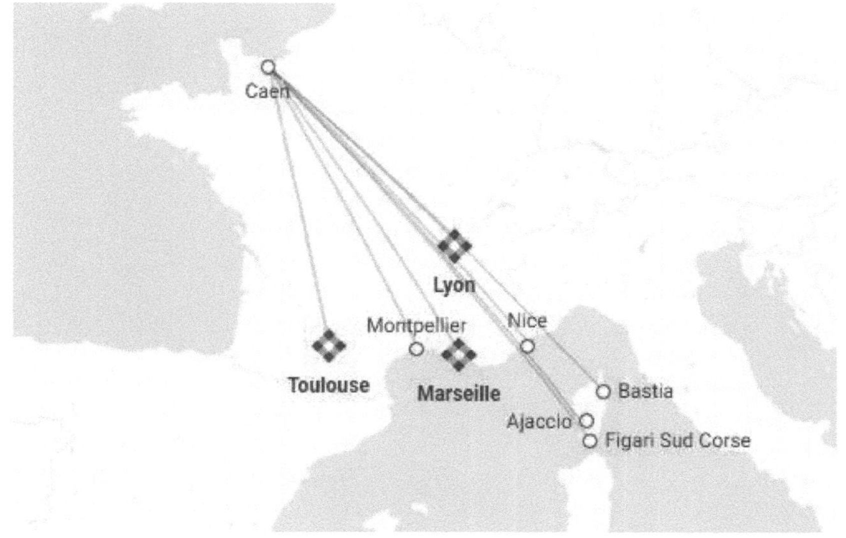

***Рисунок-82.** Маршрутная сеть испанской бюджетной авиакомпании «Volotea» на базе аэропорта г. Лиль, 2022 г.*

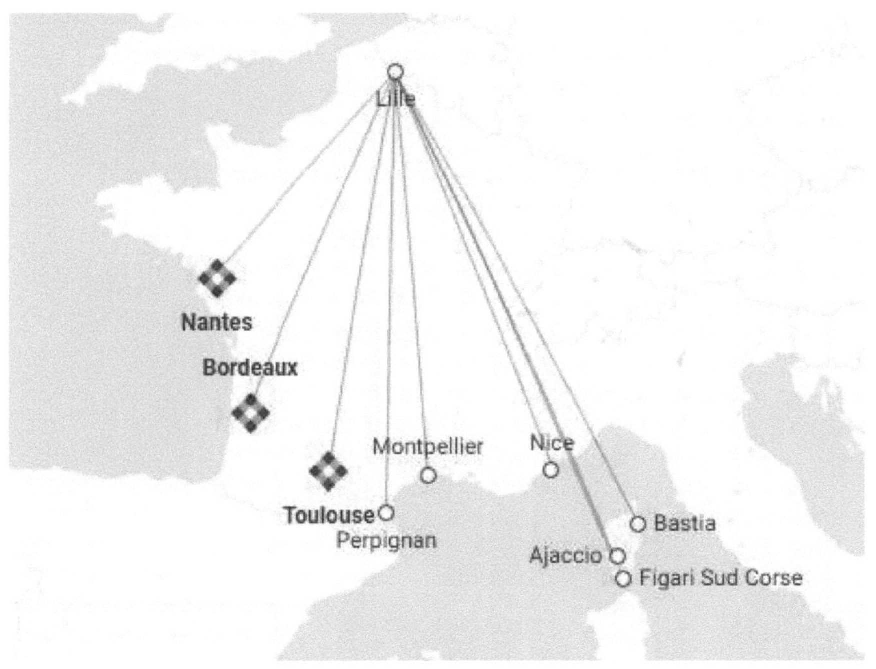

Рисунок-83. *Маршрутная сеть испанской бюджетной авиакомпании «Volotea» на базе аэропорта г. Монпелье, 2022 г.*

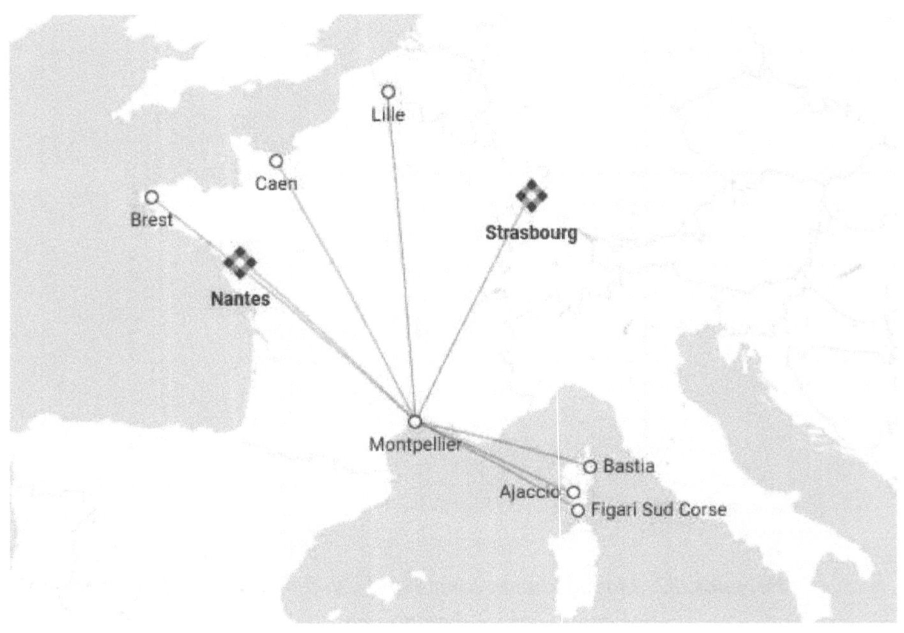

Рисунок-84. *Маршрутная сеть испанской бюджетной авиакомпании «Volotea» на базе аэропорта г. Ницца, 2022 г.*

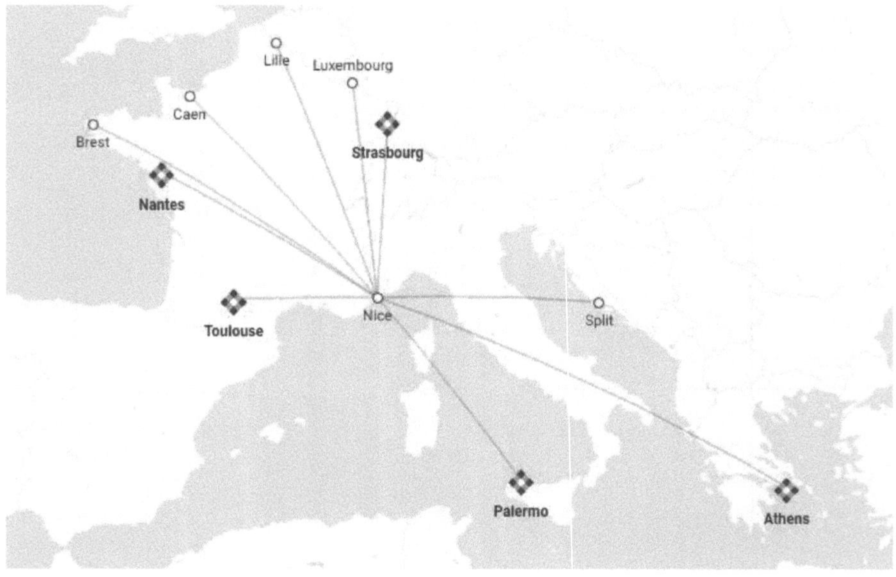

Рисунок-85. *Маршрутная сеть испанской бюджетной авиакомпании «Volotea» на базе аэропорта г. Париж, 2022 г.*

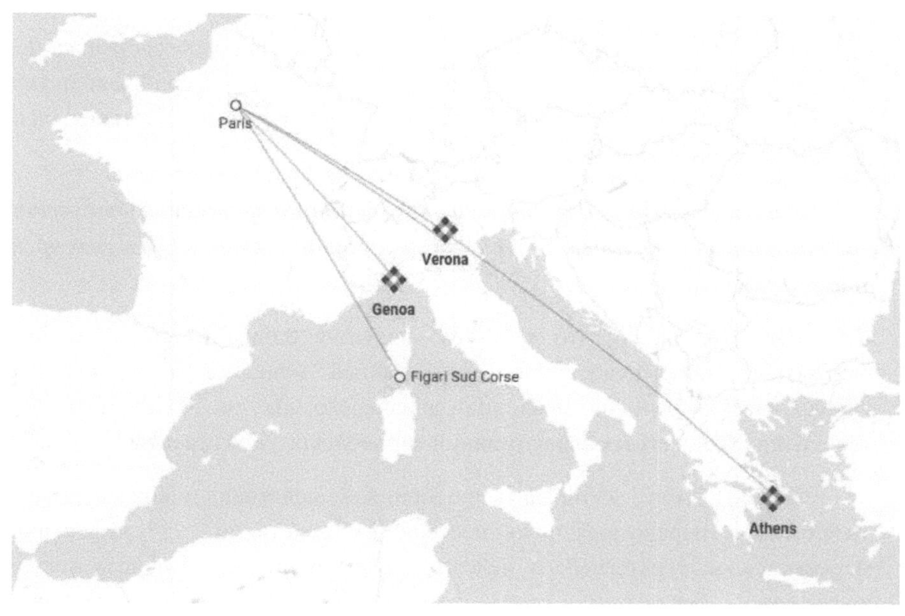

Рисунок-86. *Маршрутная сеть испанской бюджетной авиакомпании «Volotea» на базе аэропорта г. Перпиньян, 2022 г.*

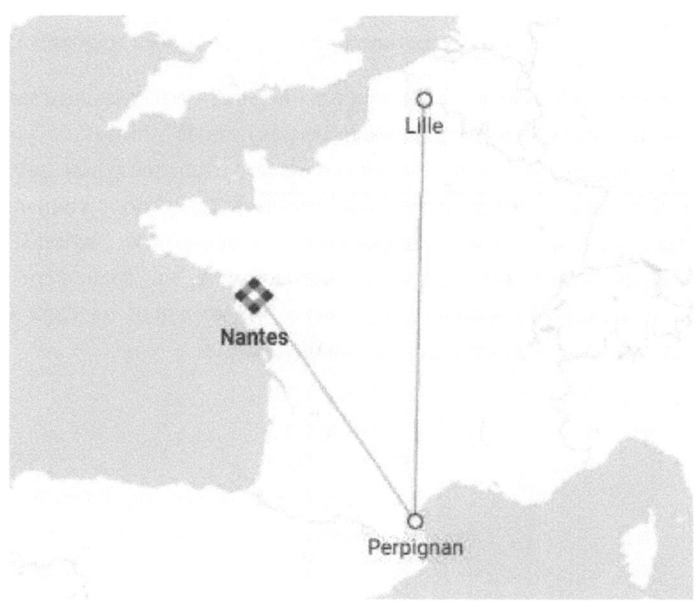

Интересным фактом является то, что Франция является родиной «лоукост - аэропортов», то есть аэропортов, которые обслуживают только рейсы бюджетных авиакомпаний. Год назад Перпиньян обслуживал только один рейс «Volotea», а через год «Volotea» открыла еще одно направление на базе этого лоукост - аэропорта, несмотря на то, что Перпеньян активно развивает сотрудничество с «Ryanair», обслуживая 8 направлений ирландского авиаперевозчика.

Каким может быть заключение о влиянии испанской бюджетной авиакомпании «Volotea» на французский рынок пассажирских авиаперевозок?

Несмотря на то, что «Volotea» является одним из самых молодых бюджетных авиаперевозчиков, эффективный менеджмент и логичность управленческих решений позволили авиаперевозчику за 10 лет стать одной из ведущих бюджетных авиакомпаний европейского континента.

В 2021 году «Volotea» предприняла действия, направленные на увеличение перевозных мощностей в сочетании с эффективной маркетинговой стратегией. В целом, ценовая политика «Volotea» является достаточно либеральной, и стоимость билетов по значительному количеству направлений не превышает 30 евро, что является выгодным конкурентным преимуществом авиаперевозчика. Абсолютно новый парк воздушных судов, приобретенных в кризис, вероятно, с существенным дисконтом, позволяет эффективно конкурировать со старейшими и опытными игроками рынка.

Феномен «Volotea» заключается в том, что авиакомпания меняет рынок, внося в его структуру новые эффективные принципы управления и развития. Благодаря «Volotea» авиа перелет стал доступен для миллионов граждан Франции через региональные аэропорты, расположенные в десятках километров от их мест проживания. Теперь не нужно совершать стыковочные рейсы или тратить часы времени на трансферт в один из ведущих аэропортов страны, достаточно только зайти на сайт «Volotea» и ознакомиться с маршрутной сетью авиакомпании.

Глава-6. Испанская бюджетная авиакомпания «*Vueling*» на французском рынке пассажирских авиаперевозок.

Испанская бюджетная авиакомпания «Vueling» - это известная европейская компания, осуществляющая свою деятельность на рынке пассажирских авиаперевозок с 2004 года. Начало 2000-х гг. ознаменовано периодом становления современной структуры рынка. К этому времени, уже существуют компании «Ryanair» и «easyJet», год от года расширяющие парк воздушных судов и увеличивающие показатель годового пассажиропотока. Рынок движется в сторону популяризации бюджетных авиаперевозок, региональные аэропорты Франции, Италии и Испании активно развивают сотрудничество с бюджетными авиаперевозчиками.

Необходимо отметить, что принципиальным техническим отличием классической авиакомпании от бюджетной является одноклассовая компоновка воздушных судов. Авиа производители предлагают абсолютно идентичные модели лайнеров (мощность и расход двигателей, объем багажного отсека и т.д.). Поэтому задачей бюджетных авиаперевозчиков, на начальном этапе, является повышение эксплуатационной эффективности лайнеров.

Как достигалось повышение эксплуатационной эффективности воздушных судов?

Авиакомпании, как было упомянуто неоднократно, комплектуют свои лайнеры салоном одного класса, что увеличивает количество кресел на 10% - 15%. Помимо этого было сокращено время на обслуживание воздушного судна с 1 часа до 30 минут. Высадив пассажиров, кабинный экипаж производит уборку воздушного суда и осуществляет посадку новых пассажиров. Рейсы выполняются на расстояния от 500 до 2500 км (преимущественно). Таким образом, одно воздушное судно совершает за один день от 6 до 10 рейсов, перевозя от 700 до 1000 пассажиров.

Широкофюзеляжные лайнеры, выполняющие межконтинентальные рейсы, имеют вместимость от 280 до 550 пассажиров и за одни сутки они совершают, как правило, два рейса, перевозя от 500 до 100 пассажиров.

Стоимость узкофюзеляжного лайнера от 80 до 120 млн. евро, а стоимость широкофюзеляжного от 200 до 450 млн. евро.

Таким образом, эксплуатационная эффективность узкофюзеляжных воздушных судов в бюджетных авиакомпаниях максимальна. Через 10-12 лет воздушные суда, эксплуатировавшиеся в парках бюджетных авиаперевозчиков, либо утилизируются, либо продаются на внешние рынки (Россия, Латинская Америка, страны Африки).

Каковы основные отличительные особенности испанской бюджетной авиакомпании «Vueling»?

- Старейшая бюджетная авиакомпания Испании;

- Ведущая испанская бюджетная авиакомпания по количеству перевозимых пассажиров и количеству воздушных судов в парке;

- Флот авиакомпании состоит из 101 лайнера Airbus A-319, Airbus A-320, Airbus A-321.

- Маршрутная сеть авиакомпании: Центральная и Западная Европа, а также Северная Африка.

- Авиакомпания имеет ряд хабов (базовых аэропортов) и активно развивает направление стыковочных авиа перелетов.

Представим вниманию читателя маршрутную сеть авиакомпании «Vueling» по состоянию на январь 2022 года.

Рисунок-87. *Маршрутная сеть испанской бюджетной авиакомпании «Vueling», Европа, январь 2022 г.*

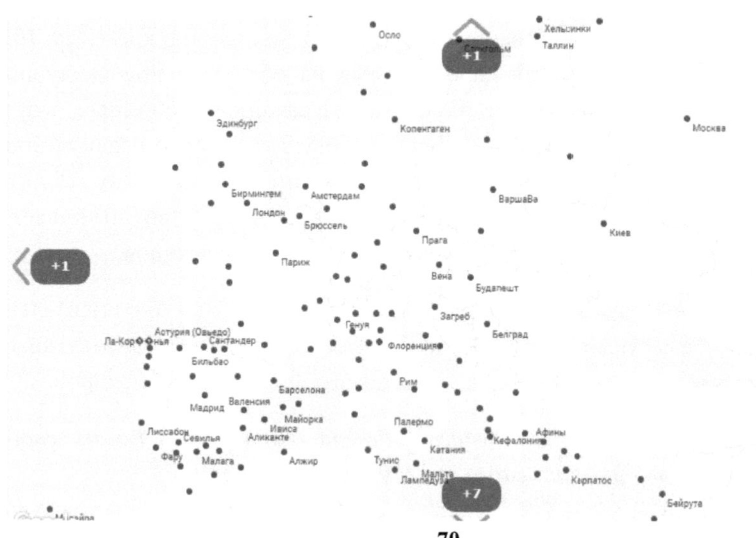

Рисунок-88. *Маршрутная сеть испанской бюджетной авиакомпании «Vueling», Ближний Восток и Северная Африка, январь 2022 г.*

На территории Франции «Vueling» осуществляет регулярное авиасообщение только из крупных городов с агломерацией свыше 500 тыс. жителей.

Рисунок-89. *Маршрутная сеть испанской бюджетной авиакомпании «Vueling», Ближний Восток и Северная Африка, январь 2022 г.*

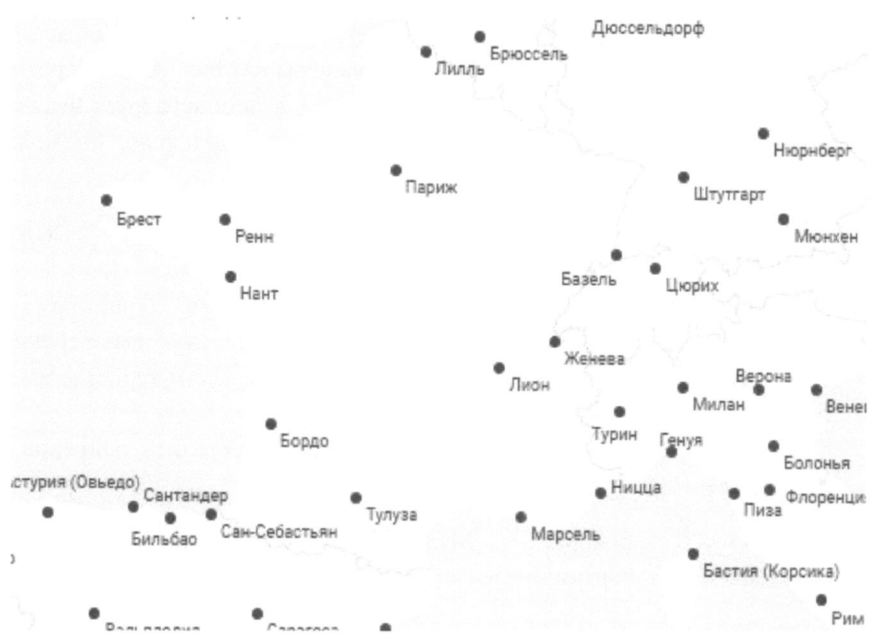

Наибольшее присутствие «Vueling» имеет на национальном (испанском рынке). В Европе авиакомпания развивает маршрутную сеть, отдавая предпочтение городам и агломерациям свыше 500 тыс. жителей. С чем это связано?

Свою деятельность авиакомпания начинала с лайнеров Airbus A-319 и Airbus A-320, причем, лайнеры авиакомпании были бывшие в употреблении у других европейских авиакомпаний.

Постепенно «Vueling» начала наращивать флот за счет новых лайнеров Airbus A-320 и Airbus A-321 и на начало 2022 года флот авиакомпании составляет 101 лайнер, а средний возраст парка - 8,5 лет, что является средним показателем бюджетного сегмента в структуре рынка.

Тублица-4. *Парк воздушных судов испанской бюджетной авиакомпании «Vueling» по состоянию на январь 2022 года*

Модель	Количество, ед.	Вместимость, пасс.
Airbus A-319	4	144
Airbus A-320	81	186
Airbus A-321	16	220

Самая распространенная модель «Airbus A-320», в парке авиакомпании, в модификациях «200» и «neo». Ожидается, что авиакомпания выведет из эксплуатации лайнеры Airbus A-319, средний возраст которых превышает 15 лет. Авиакомпания демонстрирует высокий показатель средней загруженности (около 90%), следовательно, мы можем заключить, что:

1. Авиакомпания отдает приоритет направлениям с высоким показателем пассажиропотока;
2. Авиакомпания отдает предпочтения развитию туристического сегмента, сотрудничая с испанскими и европейскими туроператорами и обеспечивая обслуживание части туристического потока Испании;
3. Авиакомпания делает акцент на приобретение лайнеров с вместимостью более 180 пассажиров.

Ключевой аэропорт – Международный аэропорт Барселоны. Региональными аэропортами - хабами для «Vueling» являются:

- Alicante El Altet (ALC / LEAL);

- Bilbao (BIO / LEBB);

- Florence Peretola (Amerigo Vespucci) (FLR / LIRQ);

- Malaga (AGP / LEMG);

- Palma De Mallorca Son San Juan (PMI / LEPA);

- Paris Charles De Gaulle (CDG / LFPG);

- Paris Orly (ORY / LFPO);

- Rome Fiumicino (Leonardo da Vinci) (FCO / LIRF);

- Santiago de Compostela Lavacolla Airport (SCQ / LEST);

- Sevilla San Pablo (SVQ / LEZL);

- Valencia (VLC / LEVC).

Если сравнивать два испанских бюджетных авиаперевозчика, то «Vueling» не только располагает количеством воздушных судов в 2,5 раза больше, чем «Volotea», но и имеет иную структуру парка, в котором прослеживается тенденция к увеличению перевозных мощностей за счет приобретения лайнеров Airbus A-321. В условиях развития рынка и роста пассажиропотока это, безусловно, является серьезным конкурентным преимуществом «Vueling».

Рисунок-90. *Лайнер Airbus A-319-100 испанской бюджетной авиакомпании «Vueling»*

Рисунок-91. *Лайнер Airbus A-320-200 испанской бюджетной авиакомпании «Vueling»*

Рисунок-92. *Лайнер Airbus A-321-200 испанской бюджетной авиакомпании «Vueling»*

Мы можем сделать вывод о том, что «Vueling» имеет отличную от «Volotea» бизнес модель. Если «Volotea» делает ставку на маршруты малой протяженности, то «Vueling» стремится работать в туристическом сегменте, связывая города Испании с крупными городами Европы и, тем самым, развивая и увеличивая туристический испанский поток.

Но каково влияние «Vueling» на французский рынок?

Франция, наряду с Испанией и Италией является важным туристическим центром Европы. Безусловно, кризис 2020-2021 гг. оказал на туристическую отрасль крайне негативное влияние, однако, тенденция к восстановлению рынка будет отчетливо прослеживаться после снятия всех запретительных и ограничительных мер на международные авиаперевозки.

Во Франции «Vueling» имеет развитую маршрутную сеть только на базе столичного аэропорта Париж – Орли. Прямым авиасообщением Париж связан с городами Испании, Италии. Великобритании и Скандинавии.

Рисунок-93. *Маршрутная сеть испанской бюджетной авиакомпании «Vueling» на базе аэропорта г. Париж – Орли, январь 2022 г.*

Но, если говорить о региональных аэропортах, то влияние «Vueling», на французский рынок минимально. По состоянию на январь 2022 года авиакомпания соединила региональные аэропорты Франции регулярным авиасообщением с несколькими городами Испании и крупными городами Европы.

Даже такой крупный туристический центр как город Бордо имеет регулярное авиасообщение только с несколькими городами Италии. Путешествия по другим направлениям пассажирам предлагаю совершить со стыковкой в одном из испанских городов, что является не подходящим вариантом для самостоятельных путешественников.

Рисунок-94. *Маршрутная сеть испанской бюджетной авиакомпании «Vueling» на базе аэропорта г. Бордо, январь 2022 г.*

Рисунок-95. *Маршрутная сеть испанской бюджетной авиакомпании «Vueling» на базе аэропорта г. Лион, январь 2022 г.*

Лион связан регулярным авиасообщением только с Римом и несколькими городами Испании. Почему авиакомпания «Vueling» не развивает на территории Франции внутреннюю маршрутную сеть по аналогии «Volotea» или «easyJet»? Авиакомпания планирует приобрести еще 20 ед. Airbus A-320 neo и, вероятно, это будет способствовать открытию новых направлений в других региональных аэропортах Франции.

Рисунок-96. *Маршрутная сеть испанской бюджетной авиакомпании «Vueling» на базе аэропорта г. Нант, январь 2022 г.*

Рисунок-97. *Маршрутная сеть испанской бюджетной авиакомпании «Vueling» на базе аэропорта г. Марсель, январь 2022 г.*

Марсель один из центров средиземноморского туризма, крупный французский город с населением свыше 850 тыс. жителей и агломерацией свыше 1,5 млн. жителей. Аналогичная ситуация и с аэропортом Ниццы, откуда «Vueling» выполняет регулярные рейсы только в Барселону. А Тулуза связана регулярным авиасообщением только со столицей Италии.

Рисунок-98. *Маршрутная сеть испанской бюджетной авиакомпании «Vueling» на базе аэропорта г. Ниццы, январь 2022 г.*

Рисунок-99. *Маршрутная сеть испанской бюджетной авиакомпании «Vueling» на базе аэропорта г. Тулуза, январь 2022 г.*

Вернемся к анализу структуры парка. Парк воздушных судов – это основа авиакомпании и в условиях жесткой конкурентной борьбы техническое совершенство и эксплуатационная эффективность играют решающую роль. Если рассмотреть более детально возраст лайнеров «Vueling», то, как было упомянуто ранее, Airbus A-319-100 в структуре парка имеют достаточно высокий средний возраст.

Рисунок-100. *Реестр лайнеров Airbus A-319-100 испанской бюджетной авиакомпании «Vueling» в структуре парка воздушных судов, январь 2022 г.*

EC-MGF	Airbus A319-100	Y144	Jul 2015	lsd	14.8 Years
EC-MIQ	Airbus A319-100	Y144	Dec 2015	lsd	14.5 Years
EC-MIR	Airbus A319-100	Y144	Nov 2015	Parked, lsd	13.9 Years
EC-MKV	Airbus A319-100	Y144	Jun 2016	lsd	14.7 Years
EC-MKX	Airbus A319-100	Y144	Apr 2016	Parked, lsd	14.8 Years
EC-NGB	Airbus A319-100	Y144	Aug 2019	lsd	15.6 Years

Рисунок-101. *Реестр лайнеров Airbus A-320-200 испанской бюджетной авиакомпании «Vueling» в структуре парка воздушных судов, январь 2022 г.*

EC-JTQ	Airbus A320-200	Y180	Jun 2006	lsd	Vueling, que es gerundio!	15.6 Years
EC-JTR	Airbus A320-200	Y180	Jun 2006	lsd	No Vueling no party	15.5 Years
EC-JYX	Airbus A320-200	Y180	Nov 2006	lsd	Elisenda Masana	15.1 Years
EC-JZI	Airbus A320-200	Y180	Dec 2006	lsd	Vueling in love	15 Years
EC-KCU	Airbus A320-200	Y180	Jul 2009	Parked, lsd	My name is Ling. Vue Ling.	14.7 Years
EC-KDG	Airbus A320-200	Y180	Apr 2007	lsd	Absolute Vueling	14.7 Years
EC-KDH	Airbus A320-200	Y180	Apr 2007	lsd	Ain't no Vueling high enough	14.7 Years
EC-KDT	Airbus A320-200	Y180	Nov 2020	Parked, lsd		14.6 Years
EC-KDX	Airbus A320-200	Y180	Jul 2009	Parked, lsd	Francisco Jose Ruiz Cortizo	14.6 Years
EC-KHN	Airbus A320-200	Y180	Jul 2009	lsd		14.4 Years
EC-KJD	Airbus A320-200	Y180	Jul 2009	lsd		14.3 Years
EC-KLB	Airbus A320-200	Y180	Nov 2007	lsd	Vuela y punto	14.1 Years
EC-KLT	Airbus A320-200	Y180	Jul 2009	lsd		13.9 Years
EC-KMI	Airbus A320-200	Y180	Jul 2009	lsd	How are you? I'm Vueling!	13.9 Years
EC-KRH	Airbus A320-200	Y180	May 2008	lsd	Vueling me softly	13.5 Years
EC-LAA	Airbus A320-200	Y180	Mar 2009	Parked CDT, lsd	Vueldone	15.8 Years
EC-LAB	Airbus A320-200	Y180	Mar 2009	Parked, lsd	Vueling voy, Vueling vengo	15.6 Years
EC-LLJ	Airbus A320-200	Y180	Mar 2020	lsd	Luke SkyVueling	10.7 Years
EC-LLM	Airbus A320-200	Y180	Apr 2011	lsd	Be happy, be Vueling	10.6 Years
EC-LOC	Airbus A320-200	Y180	Oct 2011	lsd	Vueling on heaven´s door	10.2 Years
EC-LOP	Airbus A320-200	Y180	Nov 2011	lsd	All you need is Vueling	10 Years

Лайнеры Airbus A-320-200 имеют возраст от 10 до 15 лет. Только модели A-320 neo и A-321-200, имеют возраст от 2 до 3 лет («neo») и от 4 до 6 лет (A-321-200).

Рисунок-102. *Реестр лайнеров Airbus A-320 neo испанской бюджетной авиакомпании «Vueling» в структуре парка воздушных судов, январь 2022 г.*

EC-NAE	Airbus A320neo	Y186	Oct 2018	Parked, lsd	3.2 Years
EC-NAF	Airbus A320neo	Y186	Oct 2018	lsd	3.2 Years
EC-NAJ	Airbus A320neo	Y186	Oct 2018	lsd, We ♥ Places cs	3.2 Years
EC-NAV	Airbus A320neo	Y186	Dec 2018		3 Years
EC-NAX	Airbus A320neo	Y186	Nov 2018		3.1 Years
EC-NAY	Airbus A320neo	Y186	Nov 2018	lsd	3.1 Years
EC-NAZ	Airbus A320neo	Y186	Dec 2018	lsd	3 Years
EC-NBA	Airbus A320neo	Y186	Dec 2018		3 Years
EC-NCF	Airbus A320neo	Y186	Jan 2019		2.9 Years
EC-NCG	Airbus A320neo	Y186	Feb 2019		2.8 Years
EC-NCS	Airbus A320neo	Y186	Mar 2019	Parked	2.7 Years
EC-NCT	Airbus A320neo	Y186	Apr 2019		2.7 Years
EC-NCU	Airbus A320neo	Y186	May 2019		2.7 Years
EC-NDA	Airbus A320neo	Y186	Jun 2019	Parked	2.5 Years
EC-NDB	Airbus A320neo	Y186	Jun 2019		2.5 Years
EC-NDC	Airbus A320neo	Y186	Jun 2019		2.5 Years
EC-NEA	Airbus A320neo	Y186	Aug 2019	lsd	2.3 Years
EC-NFH	Airbus A320neo	Y186	Jul 2019	lsd	2.4 Years

Рисунок-103. *Реестр лайнеров Airbus A-320 neo испанской бюджетной авиакомпании «Vueling» в структуре парка воздушных судов, январь 2022 г.*

EC-MMU	Airbus A321-200	Y220	Jul 2016	lsd	Mason Wartman	5.4 Years
EC-MOO	Airbus A321-200	Y220	Dec 2016	lsd	Manuel Soto Garcia	5 Years
EC-MPV	Airbus A321-200	Y220	Mar 2017	lsd	Juegaterapia	4.7 Years
EC-MQB	Airbus A321-200	Y220	Mar 2017	lsd	Biciclown	4.7 Years
EC-MQL	Airbus A321-200	Y220	Apr 2017	lsd	Klaus' Angels	4.7 Years
EC-MRF	Airbus A321-200	Y220	Jun 2017	lsd	Flavia Carvalho	4.5 Years
EC-NLV	Airbus A321-200	Y210	Nov 2020	lsd		6.8 Years
EC-NLX	Airbus A321-200	Y210	Nov 2020	Parked, lsd		6.5 Years
EC-NLY	Airbus A321-200	Y210	Nov 2020	lsd		6.3 Years

Авиакомпания «Vueling» планирует приобретение еще 20 единиц Airbus A-320 neo и тут возможны два сценария: замена устаревших моделей в возрасте от 15 лет или расширение парка и развитие маршрутной сети.

Интересен ли французский рынок испанской бюджетной авиакомпании «Vueling»? Да, безусловно, но развитие авиакомпании достигается за счет усиления своих позиций в региональных аэропортах ведущих туристических центров Испании, а основные клиенты авиакомпании – это туристы, путешествующие самостоятельно, а также туристические операторы Испании и других европейских государств.

Авиакомпания «Vueling» может применить накопленный опыт для развития аэропортов – хабов на базе туристических центров Франции (г. Марсель, г. Бордо, г. Ницца) и это наиболее вероятный и эффективный сценарий развития авиаперевозчика.

Авиакомпания «Vueling» не имеет существенного влияния на рыночную структуру во Франции, оставаясь ведущей бюджетной авиакомпанией Испании и одним из крупнейших европейских бюджетных авиаперевозчиков.

Глава-7. Британская бюджетная авиакомпания «*easyJet*» на французском рынке пассажирских авиаперевозок.

Британская бюджетная авиакомпания «easyJet» является второй по величине бюджетной авиакомпанией Европы и крупнейшим эксплуатантом лайнеров Airbus A-319-100.

Что необходимо знать о британском бюджетном авиаперевозчике?

- Авиакомпания была образована в 1995 году в Великобритании;

- Флот авиакомпании составляют 129 лайнеров Airbus A-319-100, Airbus A-320-200, Airbus A-320 neo, Airbus A-321 neo;

- Авиакомпания ожидает поставки 32 лайнеров в 2022-2025 гг.;

- Средний возраст парка 8,8 лет;

- Авиакомпания заключила крупнейший в истории «Airbus SE» контракт на приобретение лайнеров Airbus A-319-100 в период мирового финансового кризиса 2008 года, чем спасла авиастроительного гиганта от рецессии;

- Рост и развитие авиакомпании отчетливо наблюдался в период с 2009г. по 2012г., в период активного развития сегмента бюджетных авиаперевозок на европейском рынке;

- Бизнес модель авиакомпании построена на выполнение рейсов малой протяженности. В структуре маршрутной сети есть направления с расстоянием от 300 до 600 км;

- В 2020-2021 гг. авиакомпания столкнулась с глубоким структурным кризисом.

Таблица-5. *Парк воздушных судов британской бюджетной авиакомпании «easyJet» по состоянию на январь 2022 года.*

Лайнер	Количество в парке, ед.	Заказано, ед.
Airbus A-319-100	34	20
Airbus A-320-200	51	9
Airbus A-320 neo	34	3
Airbus A-321 neo	10	-
ИТОГО:	**129**	**32**

Маршрутная сеть авиакомпании достаточно развита, а направления малой и средней протяженности позволяют одному воздушному судну совершать в сутки до 10 рейсов.

В 2021 году авиакомпания столкнулась с серьезным структурным кризисом. Оказанных в 2020 и 2021 гг. британским правительством мер оказалось недостаточно. Авиакомпания «easyJet» была вынуждена оптимизировать парк воздушных судов и отказаться от ряда направлений, которые были тут же замещены другими бюджетными авиаперевозчиками (в первую очередь испанской бюджетной авиакомпанией «Volotea»). Средний возраст парка воздушных судов, как указано выше, составляет 8,8 лет, что является достаточно хорошим показателем авиаперевозчика. Лайнеры Airbus A-319-100, приобретенные в кризисный 2008 год, имеют возраст от 12 до 14 лет, что также не плохой показатель. Однако ближайший конкурент данной авиакомпании на французском рынке – испанская «Volotea» эксплуатирует аналогичные лайнеры 2020-2021 годов выпуска.

Рисунок-104. *Лайнер Airbus A-319-100 британской бюджетной авиакомпании «easyJet»*

Лайнерам Airbus A-320-200 от 6 до 8 лет - это средний возраст парка самой авиакомпании и средний возраст парка ключевых игроков бюджетного сегмента на европейском рынке. Данная модель может быть актуальной и востребованной, как минимум, ближайшие 5-10 лет. Но на смену классическим моделям 319-320 и 321 уже приходят лайнеры модификации «neo», которые пользуются высоким спросом на рынке. Таким лайнерам в парке «easyJet» от менее года до 3-х лет.

Рисунок-105. *Лайнер Airbus A-320-200 британской бюджетной авиакомпании «easyJet»*

Рисунок-106. *Лайнер Airbus A-320 neo британской бюджетной авиакомпании «easyJet»*

Лайнеры семейства «neo» ожидают заказчики со всего мира. Авиастроительная корпорация «Airbus SE» делает ключевую ставку именно на эту модель. Она значительно эффективнее предыдущих типов с двумя главными преимуществами: ее двигатели расходуют меньше топлива и имеют меньший уровень шума. Следует отметить, что и российские авиакомпании имеют также в своих парках данные модели лайнеров, несмотря на то, что долгие годы они являлись эксплуатантами бывшей в употреблении техники.

Рисунок-107. *Лайнер Airbus A-321 neo британской бюджетной авиакомпании «easyJet»*

Лайнеры Airbus A-321 neo – новые и перспективные модели в парке авиакомпании, обслуживающие наиболее загруженные направления. Как правило, это направления между Лондонскими аэропортами Лутон и Гатвик и крупными городами Испании, Франции и Италии.

Британская бюджетная авиакомпания «easyJet» на территории Франции имеет несколько аэропортов – хабов: Базель-Мюлуз (совместный со Швейцарией аэропорт Франции), Бордо, Париж – Шарль де Голь, Париж – Орли, Лион, Ницца и Нант.

Приведем данные маршрутной сети «easyJet» авиационных хабов на территории Франции, чтобы определить роль и влияние авиаперевозчика на французский рынок пассажирских авиаперевозок.

Следует уточнить, что «easyJet» имеет дочернюю структуру в Швейцарии и развитую сеть на базе аэропорта Женевы, который наравне с Базель-Мюлуз является хабом для данного авиаперевозчика.

Рисунок-108. *Маршрутная сеть британской бюджетной авиакомпании «easyJet», аэропорт Базель-Мюлуз по состоянию на январь 2022 г.*

Базель (BSL)	Агадир (AGA)	**Базель и Агадир**
	Аяччо, Корсика (AJA)	**Базель и Аяччо, Корсика**
	Аликанте (ALC)	**Базель и Аликанте**
	Амстердам (AMS)	**Базель и Амстердам**
	Афины (ATH)	**Базель и Афины**
	Барселона (BCN)	**Базель и Барселона**
	Бари (BRI)	**Базель и Бари**
	Бастия, Корсика (BIA)	**Базель и Бастия, Корсика**
	Белград (BEG)	**Базель и Белград**
	Берлин-Бранденбург (BER)	**Базель и Берлин-Бранденбург**
	Биарриц (BIQ)	**Базель и Биарриц**
	Бордо (BOD)	**Базель и Бордо**
	Бриндизи (BDS)	**Базель и Бриндизи**
	Бристоль (BRS)	**Базель и Бристоль**
	Будапешт (BUD)	**Базель и Будапешт**
	Кальви, Корсика (CLY)	**Базель и Кальви, Корсика**
	Шарм-эль-Шейх (SSH)	**Базель и Шарм-эль-Шейх**
	Копенгаген (CPH)	**Базель и Копенгаген**
	Краков (KRK)	**Базель и Краков**
	Дубровник (DBV)	**Базель и Дубровник**
	Эдинбург (EDI)	**Базель и Эдинбург**
	Фаро (ФАО)	**Базель и Фаро**
	Фигари, Корсика (FSC)	**Базель и Фигари, Корсика**
	Фуэртевентура (FUE)	**Базель и Фуэртевентура**
	Гран-Канария (LPA)	**Базель и Гран-Канария**
	Гамбург (HAM)	**Базель и Гамбург**
	Хургада (HRG)	**Базель и Хургада**
	Ибица (IBZ)	**Базель и Ибица**
	Ламеция (SUF)	**Базель и Ламеция**
	Лансароте (ACE)	**Базель и Лансароте**
	Лиссабон (LIS)	**Базель и Лиссабон**
	Лондонский Гатвик (LGW)	**Базель и лондонский Гатвик**
	Мадрид (MAD)	**Базель и Мадрид**
	Майорка Пальма (PMI)	**Базель и Майорка Пальма**
	Малага (AGP)	**Базель и Малага**
	Манчестер (MAN)	**Базель и Манчестер**
	Марракеш (RAK)	**Базель и Марракеш**
	Менорка-Махон (MAH)	**Базель и Менорка-Махон**
	Монпелье (MPL)	**Базель и Монпелье**
	Миконос (JMK)	**Базель и Миконос**
	Нант (NTE)	**Базель и Нант**
	Неаполь (NAP)	**Базель и Неаполь**
	Ницца (NCE)	**Базель и Ницца**
	Порту (OPO)	**Базель и Порту**
	Прага (PRG)	**Базель и Прага**
	Приштина (PRN)	**Базель и Приштина**
	Пула (PUY)	**Базель и Пула**
	Рим Фьюмичино (FCO)	**Базель и Рим Фьюмичино**
	Сантьяго-де-Компостела (SCQ)	**Базель и Сантьяго-де-Компостела**
	Сардиния Альгеро (AHO)	**Базель и Сардиния Альгеро**
	Сардиния Кальяри (CAG)	**Базель и Сардиния Кальяри**
	Сардиния Ольбия (OLB)	**Базель и Сардиния Ольбия**
	Сицилия Катания (CTA)	**Базель и Сицилия Катания**
	Сицилия Палермо (PMO)	**Базель и Сицилия Палермо**
	Сплит (SPU)	**Базель и Сплит**
	Тель-Авив (TLV)	**Базель и Тель-Авив**
	Тенерифе Южный (TFS)	**Базель и Тенерифе Юг**
	Салоники (SKG)	**Базель и Салоники**
	Тулуза (TLS)	**Базель и Тулуза**
	Валенсия (VLC)	**Базель и Валенсия**
	Вена (VIE)	**Базель и Вена**
	Задар (ZAD)	**Базель и Задар**

Рисунок-109. *Маршрутная сеть британской бюджетной авиакомпании «easyJet», аэропорт г. Бордо по состоянию на январь 2022 г.*

Бордо (BOD)	Аяччо, Корсика (AJA)	**Бордо и Аяччо, Корсика**
	Базель (BSL)	**Бордо и Базель**
	Бастия, Корсика (BIA)	**Бордо и Бастия, Корсика**
	Белфаст международный (BFS)	**Бордо и Белфаст, международный**
	Берлин-Бранденбург (BER)	**Бордо и Берлин Бранденбург**
	Бристоль (BRS)	**Бордо и Бристоль**
	Крит Ираклион (HER)	**Бордо и Крит Ираклион**
	Эс-Сувейра (ESU)	**Бордо и Эс-Сувейра**
	Фаро (ФАО)	**Бордо и Фаро**
	Фигари, Корсика (FSC)	**Бордо и Фигари, Корсика**
	Женева (GVA)	**Бордо и Женева**
	Глазго (GLA)	**Бордо и Глазго**
	Гренобль (GNB)	**Бордо и Гренобль**
	Ибица (IBZ)	**Бордо и Ибица**
	Лансароте (ACE)	**Бордо и Лансароте**
	Лилль (LIL)	**Бордо и Лилль**
	Лиссабон (LIS)	**Бордо и Лиссабон**
	Лондонский Гатвик (LGW)	**Бордо и лондонский Гатвик**
	Лондон Лутон (LTN)	**Бордо и Лондон Лутон**
	Люксембург (LUX)	**Бордо и Люксембург**
	Лион (LYS)	**Бордо и Лион**
	Майорка Пальма (PMI)	**Бордо и Майорка Пальма**
	Манчестер (MAN)	**Бордо и Манчестер**
	Марракеш (RAK)	**Бордо и Марракеш**
	Марсель Прованс (MRS)	**Бордо и Марсель Прованс**
	Милан Мальпенса (MXP)	**Бордо и Милан Мальпенса**
	Менорка-Махон (MAH)	**Бордо и Менорка Махон**
	Ницца (NCE)	**Бордо и Ницца**
	Порту (OPO)	**Бордо и Порту**
	Родос (RHO)	**Бордо и Родос**
	Сардиния Ольбия (OLB)	**Бордо и Сардиния Ольбия**
	Сицилия Катания (CTA)	**Бордо и Сицилия Катания**
	Тенерифе Южный (TFS)	**Бордо и юг Тенерифе**

Рисунок-110. *Маршрутная сеть британской бюджетной авиакомпании «easyJet», аэропорт г. Нант по состоянию на январь 2022 г.*

Нант (NTE)	Аяччо, Корсика (AJA)	**Нант и Аяччо, Корсика**
	Базель (BSL)	**Нант и Базель**
	Бари (BRI)	**Нант и Бари**
	Бастия, Корсика (BIA)	**Нант и Бастия, Корсика**
	Бристоль (BRS)	**Нант и Бристоль**
	Крит Ираклион (HER)	**Нант и Крит Ираклион**
	Дубровник (DBV)	**Нант и Дубровник**
	Фаро (ФАО)	**Нант и Фаро**
	Фигари, Корсика (FSC)	**Нант и Фигари, Корсика**
	Женева (GVA)	**Нант и Женева**
	Ибица (IBZ)	**Нант и Ибица**
	Лилль (LIL)	**Нант и Лилль**
	Лиссабон (LIS)	**Нант и Лиссабон**
	Лондонский Гатвик (LGW)	**Нант и лондонский Гатвик**
	Лион (LYS)	**Нант и Лион**
	Марракеш (RAK)	**Нант и Марракеш**
	Милан Мальпенса (MXP)	**Нант и Милан Мальпенса**
	Ницца (NCE)	**Нант и Ницца**
	Порту (OPO)	**Нант и Порту**
	Рим Фьюмичино (FCO)	**Нант и Рим Фьюмичино**
	Сардиния Ольбия (OLB)	**Нант и Сардиния Ольбия**
	Сицилия Катания (CTA)	**Нант и Сицилия Катания**
	Тенерифе Южный (TFS)	**Нант и юг Тенерифе**
	Тулуза (TLS)	**Нант и Тулуза**

Рисунок-111. *Маршрутная сеть британской бюджетной авиакомпании «easyJet», аэропорт г. Лион по состоянию на январь 2022 г.*

Лион (LYS)	Агадир (AGA)	**Лион и Агадир**
	Аяччо, Корсика (AJA)	**Лион и Аяччо, Корсика**
	Барселона (BCN)	**Лион и Барселона**
	Бастия, Корсика (BIA)	**Лион и Бастия, Корсика**
	Белфаст международный (BFS)	**Лион и Белфаст, международный**
	Берлин-Бранденбург (BER)	**Лион и Берлин Бранденбург**
	Биарриц (BIQ)	**Лион и Биарриц**
	Бордо (BOD)	**Лион и Бордо**
	Брест Бретань (BES)	**Лион и Брест Бретань**
	Бристоль (BRS)	**Лион и Бристоль**
	Кальви, Корсика (CLY)	**Лион и Кальви, Корсика**
	Копенгаген (CPH)	**Лион и Копенгаген**
	Корфу (KOE)	**Лион и Корфу**
	Крит Ханья (CHQ)	**Лион и Крит Ханья**
	Дубровник (DBV)	**Лион и Дубровник**
	Эдинбург (EDI)	**Лион и Эдинбург**
	Фаро (ФАО)	**Лион и Фаро**
	Фигари, Корсика (FSC)	**Лион и Фигари, Корсика**
	Фуэртевентура (FUE)	**Лион и Фуэртевентура**
	Ибица (IBZ)	**Лион и Ибица**
	Лансароте (ACE)	**Лион и Лансароте**
	Лиссабон (LIS)	**Лион и Лиссабон**
	Лондонский Гатвик (LGW)	**Лион и лондонский Гатвик**
	Лондон Лутон (LTN)	**Лион и Лондон Лутон**
	Майорка Пальма (PMI)	**Лион и Майорка Пальма**
	Манчестер (MAN)	**Лион и Манчестер**
	Марракеш (RAK)	**Лион и Марракеш**
	Менорка-Махон (MAH)	**Лион и Менорка Махон**
	Миконос (JMK)	**Лион и Миконос**
	Нант (NTE)	**Лион и Нант**
	Неаполь (NAP)	**Лион и Неаполь**
	Порту (OPO)	**Лион и Порту**
	Ренн (RNS)	**Лион и Ренн**
	Рим Фьюмичино (FCO)	**Лион и Рим Фьюмичино**
	Сардиния Ольбия (OLB)	**Лион и Сардиния Ольбия**
	Сицилия Катания (CTA)	**Лион и Сицилия Катания**
	Сицилия Палермо (PMO)	**Лион и Сицилия Палермо**
	Сплит (SPU)	**Лион и Сплит**
	Тель-Авив (TLV)	**Лион и Тель-Авив**
	Тенерифе Южный (TFS)	**Лион и Тенерифе Южный**
	Тулуза (TLS)	**Лион и Тулуза**
	Венеция Марко Поло (VCE)	**Лион и Венеция Марко Поло**

Хабы «easyJet» имеют достаточно развитую маршрутную сеть. В регионах Франции, за исключением столичных аэропортов Шарль де Голь и Орли, британский бюджетный авиаперевозчик имеет существенное влияние на структуру пассажиропотока.

О чем это говорит?

Авиаперевозчик видит французский рынок перспективным с точки зрения своего присутствия и за период своего активного развития сумел выстроить на территории данной страны сеть региональных хабов.

***Рисунок-112.** Маршрутная сеть британской бюджетной авиакомпании «easyJet», аэропорт г. Ницца по состоянию на январь 2022 г.*

Ницца (NCE)	Амстердам (AMS)	**Ницца и Амстердам**
	Базель (BSL)	**Ницца и Базель**
	Барселона (BCN)	**Ницца и Барселона**
	Белфаст международный (BFS)	**Ницца и Белфаст, международный**
	Берлин-Бранденбург (BER)	**Ницца и Берлин-Бранденбург**
	Биарриц (BIQ)	**Ницца и Биарриц**
	Бордо (BOD)	**Ницца и Бордо**
	Бристоль (BRS)	**Ницца и Бристоль**
	Брюссель (BRU)	**Ницца и Брюссель**
	Крит Ханья (CHQ)	**Ницца и Крит Ханья**
	Эдинбург (EDI)	**Ницца и Эдинбург**
	Женева (GVA)	**Ницца и Женева**
	Ибица (IBZ)	**Ницца и Ибица**
	Ла-Рошель (ЛРХ)	**Ницца и Ла-Рошель**
	Лилль (LIL)	**Ницца и Лилль**
	Лиссабон (LIS)	**Ницца и Лиссабон**
	Ливерпуль (LPL)	**Ницца и Ливерпуль**
	Лондонский Гатвик (LGW)	**Ницца и лондонский Гатвик**
	Лондон Лутон (LTN)	**Ницца и Лондон Лутон**
	Майорка Пальма (PMI)	**Ницца и Майорка Пальма**
	Манчестер (MAN)	**Ницца и Манчестер**
	Марракеш (RAK)	**Ницца и Марракеш**
	Менорка-Махон (MAH)	**Ницца и Менорка-Махон**
	Миконос (JMK)	**Ницца и Миконос**
	Нант (NTE)	**Ницца и Нант**
	Неаполь (NAP)	**Ницца и Неаполь**
	Париж Шарль де Голль (CDG)	**Ницца и Париж Шарль де Голль**
	Пэрис Орли (ORY)	**Ницца и Париж Орли**
	Порту (OPO)	**Ницца и Порту**
	Ренн (RNS)	**Ницца и Ренн**
	Рим Фьюмичино (FCO)	**Ницца и Рим Фьюмичино**
	Сардиния Ольбия (OLB)	**Ницца и Сардиния Ольбия**
	Сицилия Катания (CTA)	**Ницца и Сицилия Катания**
	Тель-Авив (TLV)	**Ницца и Тель-Авив**
	Тенерифе Южный (TFS)	**Ницца и юг Тенерифе**
	Тулуза (TLS)	**Ницца и Тулуза**
	Венеция Марко Поло (VCE)	**Ницца и Венеция Марко Поло**

***Рисунок-113.** Маршрутная сеть британской бюджетной авиакомпании «easyJet», аэропорт г. Париж - Орли по состоянию на январь 2022 г.*

Пэрис Орли (ORY)	Афины (ATH)	**Париж Орли и Афины**
	Берлин-Бранденбург (BER)	**Париж Орли и Берлин Бранденбург**
	Бриндизи (BDS)	**Париж Орли и Бриндизи**
	Бристоль (BRS)	**Париж Орли и Бристоль**
	Дубровник (DBV)	**Париж Орли и Дубровник**
	Фаро (ФАО)	**Париж Орли и Фаро**
	Женева (GVA)	**Париж Орли и Женева**
	Милан Линате (LIN)	**Париж Орли и Милан Линате**
	Монпелье (MPL)	**Париж Орли и Монпелье**
	Миконос (JMK)	**Париж Орли и Миконос**
	Неаполь (NAP)	**Париж Орли и Неаполь**
	Ницца (NCE)	**Париж Орли и Ницца**
	Пиза (Тоскана) (PSA)	**Париж Орли и Пиза (Тоскана)**
	Родос (RHO)	**Париж Орли и Родос**
	Рим Фьюмичино (FCO)	**Париж Орли и Рим Фьюмичино**
	Сардиния Кальяри (CAG)	**Париж Орли и Сардиния Кальяри**
	Сардиния Ольбия (OLB)	**Париж Орли и Сардиния Ольбия**
	Сицилия Палермо (PMO)	**Париж Орли и Сицилия Палермо**
	Сплит (SPU)	**Париж Орли и Сплит**
	Тулон-Йер (TLN)	**Париж Орли и Тулон-Йер**
	Тулуза (TLS)	**Париж Орли и Тулуза**
	Венеция Марко Поло (VCE)	**Париж Орли и Венеция Марко Поло**

Рисунок-114. *Маршрутная сеть британской бюджетной авиакомпании «easyJet», аэропорт г. Париж – Шарль де Голь по состоянию на январь 2022 г.*

Париж Шарль де Голль (CDG)	Аяччо, Корсика (AJA)	**Париж Шарль де Голль и Аяччо, Корсика**
	Барселона (BCN)	**Париж Шарль де Голль и Барселона**
	Бастия, Корсика (BIA)	**Париж Шарль де Голль и Бастия, Корсика**
	Белфаст международный (BFS)	**Париж Шарль де Голль и Белфаст международный**
	Берлин-Бранденбург (BER)	**Париж Шарль де Голль и Берлин Бранденбург**
	Биарриц (BIQ)	**Париж Шарль де Голль и Биарриц**
	Бристоль (BRS)	**Париж Шарль де Голль и Бристоль**
	Будапешт (BUD)	**Париж Шарль де Голль и Будапешт**
	Кальви, Корсика (CLY)	**Париж Шарль де Голль и Кальви, Корсика**
	Копенгаген (CPH)	**Париж Шарль де Голль и Копенгаген**
	Корфу (KOE)	**Париж Шарль де Голль и Корфу**
	Краков (KRK)	**Париж Шарль де Голль и Краков**
	Крит Ираклион (HER)	**Париж Шарль де Голль и Крит Ираклион**
	Эдинбург (EDI)	**Париж Шарль де Голль и Эдинбург**
	Фаро (ФАО)	**Париж Шарль де Голль и Фаро**
	Фигари, Корсика (FSC)	**Париж Шарль де Голль и Фигари, Корсика**
	Фуэртевентура (FUE)	**Париж Шарль де Голль и Фуэртевентура**
	Глазго (GLA)	**Париж Шарль де Голль и Глазго**
	Лансароте (ACE)	**Париж Шарль де Голль и Лансароте**
	Лиссабон (LIS)	**Париж Шарль де Голль и Лиссабон**
	Лондонский Гатвик (LGW)	**Париж Шарль де Голль и Лондон Гатвик**
	Лондон Лутон (LTN)	**Париж Шарль де Голль и Лондон Лутон**
	Мадрид (MAD)	**Париж Шарль де Голль и Мадрид**
	Майорка Пальма (PMI)	**Париж Шарль де Голль и Майорка Пальма**
	Малага (AGP)	**Париж Шарль де Голль и Малага**
	Манчестер (MAN)	**Париж Шарль де Голль и Манчестер**
	Марракеш (RAK)	**Париж Шарль де Голль и Марракеш**
	Милан Линате (LIN)	**Париж Шарль де Голль и Милан Линате**
	Милан Мальпенса (MXP)	**Париж Шарль де Голль и Милан Мальпенса**
	Милано Бергамо (BGY)	**Париж Шарль де Голль и Милан Бергамо**
	Менорка-Махон (MAH)	**Париж Шарль де Голль и Менорка Маон**
	Миконос (JMK)	**Париж Шарль де Голль и Миконос**
	Ницца (NCE)	**Париж Шарль де Голль и Ницца**
	Порту (OPO)	**Париж Шарль де Голль и Порту**
	Пула (PUY)	**Париж Шарль де Голль и Пула**
	Сардиния Ольбия (OLB)	**Париж Шарль де Голль и Сардиния Ольбия**
	Сицилия Катания (CTA)	**Париж Шарль де Голль и Сицилия Катания**
	Сплит (SPU)	**Париж Шарль де Голль и Сплит**
	Тель-Авив (TLV)	**Париж Шарль де Голль и Тель-Авив**
	Тенерифе Южный (TFS)	**Париж Шарль де Голль и Южный Тенерифе**
	Тулон-Йер (TLN)	**Париж Шарль де Голль и Тулон-Йер**
	Тулуза (TLS)	**Париж Шарль де Голль и Тулуза**
	Венеция Марко Поло (VCE)	**Париж Шарль де Голль и Венеция Марко Поло**

Действительно, у большинства граждан Франции бюджетная авиакомпания ассоциируется с «easyJet». Подавляющее большинство французов пользовались услугами авиакомпании «easyJet» хотя бы один-два раза, а сотни тысяч граждан покупают билеты авиакомпании регулярно. Британская бюджетная авиакомпания «easyJet» из числа всех бюджетных авиаперевозчиков Европы имеет наибольшее присутствие в столичных аэропортах Шарль де Голь и Орли. Еще важно отметить то, что «easyJet» присутствует на острове Корсика во всех 4-х островных аэропортах наравне с региональной классической корсиканской авиакомпанией «Air Corsica».

Приведем данные маршрутной сети британского авиаперевозчика на базе корсиканских аэропортов.

Рисунок-115. *Маршрутная сеть британской бюджетной авиакомпании «easyJet», аэропорт г. Аяччо (остров Корсика) по состоянию на январь 2022 г.*

Аяччо, Корсика (AJA)	Базель (BSL)	**Аяччо, Корсика и Базель**
	Бордо (BOD)	**Аяччо, Корсика и Бордо**
	Женева (GVA)	**Аяччо, Корсика и Женева**
	Лион (LYS)	**Аяччо, Корсика и Лион**
	Нант (NTE)	**Аяччо, Корсика и Нант**
	Париж Шарль де Голль (CDG)	**Аяччо, Корсика и Париж Шарль де Голль**

Рисунок-116. *Маршрутная сеть британской бюджетной авиакомпании «easyJet», аэропорт г. Бастия (остров Корсика) по состоянию на январь 2022 г.*

Бастия, Корсика (BIA)	Базель (BSL)	**Бастия, Корсика и Базель**
	Берлин-Бранденбург (BER)	**Бастия, Корсика и Берлин Бранденбург**
	Бордо (BOD)	**Бастия, Корсика и Бордо**
	Женева (GVA)	**Бастия, Корсика и Женева**
	Лион (LYS)	**Бастия, Корсика и Лион**
	Нант (NTE)	**Бастия, Корсика и Нант**
	Париж Шарль де Голль (CDG)	**Бастия, Корсика и Париж Шарль де Голль**
	Тулуза (TLS)	**Бастия, Корсика и Тулуза**

Рисунок-117. *Маршрутная сеть британской бюджетной авиакомпании «easyJet», аэропорт г. Кальви (остров Корсика) по состоянию на январь 2022 г.*

Кальви, Корсика (CLY)	Базель (BSL)	**Кальви, Корсика и Базель**
	Женева (GVA)	**Кальви, Корсика и Женева**
	Лион (LYS)	**Кальви, Корсика и Лион**
	Париж Шарль де Голль (CDG)	**Кальви, Корсика и Париж Шарль де Голль**

Рисунок-118. *Маршрутная сеть британской бюджетной авиакомпании «easyJet», аэропорт г. Фигари (остров Корсика) по состоянию на январь 2022 г.*

Фигари, Корсика (FSC)	Базель (BSL)	**Фигари, Корсика и Базель**
	Бордо (BOD)	**Фигари, Корсика и Бордо**
	Женева (GVA)	**Фигари, Корсика и Женева**
	Лондонский Гатвик (LGW)	**Фигари, Корсика и лондонский Гатвик**
	Лион (LYS)	**Фигари, Корсика и Лион**
	Нант (NTE)	**Фигари, Корсика и Нант**
	Париж Шарль де Голль (CDG)	**Фигари, Корсика и Париж Шарль де Голль**
	Тулуза (TLS)	**Фигари, Корсика и Тулуза**

Мы видим, что корсиканские аэропорты связаны регулярным авиасообщением с парижскими аэропортами и с другими регионами

Франции. Это и понятно, потому что «easyJet» делает ставку на развитии туристического потока Иль де ботэ.

Представим данные маршрутной сети в других аэропортах присутствия «easyJet» на территории Франции. И тут же отметим, что на базе аэропорта Тулузы британский авиаперевозчик имеет достаточно развитую маршрутную сеть, но Тулуза не является французским аэропортом – хабом авиакомпании. Приоритетные направления развития – это туристические центры Европы.

Рисунок-119. *Маршрутная сеть британской бюджетной авиакомпании «easyJet», аэропорт г. Тулуза по состоянию на январь 2022 г.*

Тулуза (TLS)	Базель (BSL)	**Тулуза и Базель**
	Бастия, Корсика (BIA)	**Тулуза и Бастия, Корсика**
	Бристоль (BRS)	**Тулуза и Бристоль**
	Фигари, Корсика (FSC)	**Тулуза и Фигари, Корсика**
	Женева (GVA)	**Тулуза и Женева**
	Ибица (IBZ)	**Тулуза и Ибица**
	Лилль (LIL)	**Тулуза и Лилль**
	Лондонский Гатвик (LGW)	**Тулуза и лондонский Гатвик**
	Лион (LYS)	**Тулуза и Лион**
	Майорка Пальма (PMI)	**Тулуза и Майорка Пальма**
	Марракеш (RAK)	**Тулуза и Марракеш**
	Менорка-Махон (MAH)	**Тулуза и Менорка-Махон**
	Нант (NTE)	**Тулуза и Нант**
	Ницца (NCE)	**Тулуза и Ницца**
	Париж Шарль де Голль (CDG)	**Тулуза и Париж Шарль де Голль**
	Парис Орли (ORY)	**Тулуза и Париж Орли**
	Порту (OPO)	**Тулуза и Порту**
	Ренн (RNS)	**Тулуза и Ренн**
	Сардиния Ольбия (OLB)	**Тулуза и Сардиния Ольбия**

Рисунок-120. *Маршрутная сеть британской бюджетной авиакомпании «easyJet», аэропорт г. Биариц по состоянию на январь 2022 г.*

Биарриц (BIQ)	Базель (BSL)	**Биарриц и Базель**
	Берлин-Бранденбург (BER)	**Биарриц и Берлин-Бранденбург**
	Бристоль (BRS)	**Биарриц и Бристоль**
	Лондонский Гатвик (LGW)	**Биарриц и лондонский Гатвик**
	Лион (LYS)	**Биарриц и Лион**
	Ницца (NCE)	**Биарриц и Ницца**
	Париж Шарль де Голль (CDG)	**Биарриц и Париж Шарль де Голль**

Рисунок-121. *Маршрутная сеть британской бюджетной авиакомпании «easyJet», аэропорт г. Гренобль по состоянию на январь 2022 г.*

Гренобль (GNB)	Бордо (BOD)	**Гренобль и Бордо**
	Бристоль (BRS)	**Гренобль и Бристоль**
	Эдинбург (EDI)	**Гренобль и Эдинбург**
	Ливерпуль (LPL)	**Гренобль и Ливерпуль**
	Лондонский Гатвик (LGW)	**Гренобль и лондонский Гатвик**
	Лондон Лутон (LTN)	**Гренобль и Лондон Лутон**

Рисунок-122. *Маршрутная сеть британской бюджетной авиакомпании «easyJet», аэропорт г. Ла-Рошель по состоянию на январь 2022 г.*

Ла-Рошель (ЛРХ)	Бристоль (BRS)	**Ла-Рошель и Бристоль**
	Женева (GVA)	**Ла-Рошель и Женева**
	Лондонский Гатвик (LGW)	**Ла-Рошель и лондонский Гатвик**
	Ницца (NCE)	**Ла-Рошель и Ницца**

Рисунок-123. *Маршрутная сеть британской бюджетной авиакомпании «easyJet», аэропорт г. Лиль по состоянию на январь 2022 г.*

Лилль (LIL)	Бордо (BOD)	**Лилль и Бордо**
	Женева (GVA)	**Лилль и Женева**
	Нант (NTE)	**Лилль и Нант**
	Ницца (NCE)	**Лилль и Ницца**
	Тулуза (TLS)	**Лилль и Тулуза**

Рисунок-124. *Маршрутная сеть британской бюджетной авиакомпании «easyJet», аэропорт г. Марсель, по состоянию на январь 2022 г.*

Марсель Прованс (MRS)	Берлин-Бранденбург (BER)	**Марсель Прованс и Берлин Бранденбург**
	Бордо (BOD)	**Марсель Прованс и Бордо**
	Бристоль (BRS)	**Марсель Прованс и Бристоль**
	Глазго (GLA)	**Марсель Прованс и Глазго**
	Лондонский Гатвик (LGW)	**Марсель Прованс и лондонский Гатвик**

Рисунок-125. *Маршрутная сеть британской бюджетной авиакомпании «easyJet», аэропорт г. Монпелье по состоянию на январь 2022 г.*

Монпелье (MPL)	Базель (BSL)	**Монпелье и Базель**
	Лондонский Гатвик (LGW)	**Монпелье и лондонский Гатвик**
	Лондон Лутон (LTN)	**Монпелье и Лондон Лутон**
	Пэрис Орли (ORY)	**Монпелье и Париж Орли**

На основании представленных данных мы можем заключить, что британская бюджетная авиакомпания «easyJet» имеет наибольшее влияние на структуру рынка пассажирских авиаперевозок Франции. За период с 2008г. по 2020г. авиаперевозчику удалось в значительной степени расширить маршруты по всему миру и создать сеть авиационных региональных хабов, в том числе на территории Франции. Однако 2020 и 2021 годы принесли «easyJet» серьезные трудности. Как было отмечено ранее, финансовая поддержка, которую оказало британское правительство, не смогла покрыть всех понесенных авиакомпанией убытков. И как итог – это сокращение парка воздушных судов и отказ от ряда направлений (политика оптимизации маршрутной сети). При этом во Франции авиаперевозчик чувствует себя уверенно и видит французский рынок одним из приоритетных направлений. Примечательным с профессиональной точки зрения является тот факт, что данная опытнейшая и крупнейшая бюджетная авиакомпания Европы на территории Франции будет конкурировать с относительно молодой бюджетной авиакомпанией из Испании, которая обладает самым современным парком воздушных судов и достаточно эффективно организует свою маршрутную сеть.

Каким будет французский рынок пассажирских авиаперевозок в ближайшей перспективе с 2022 по 2025 годы?

Мы можем отметить тенденцию усиления позиций бюджетных авиаперевозчиков в структуре рынка в период кризиса 2020-2021 гг. В то время как авиационные гиганты терпят много миллиардные убытки, бюджетные авиаперевозчики обновляют и пополняют парк воздушных судов. В сложившейся ситуации большим потенциалом в увеличение своей доли и своего влияния на рынок обладает испанская бюджетная авиакомпания «Volotea». Конкуренцию ей составляет британский бюджетный авиаперевозчик «easyJet». Ирландская бюджетная авиакомпания «Ryanair» оказывает влияние на рыночную структуру, но испанский и британский авиаперевозчики имеют более современный парк воздушных судов и наиболее развитую маршрутную сеть. В то же время, франко-голландская бюджетная авиакомпания «Transavia» имеет возможный риск сократить свое влияние на рынок или вовсе уйти с рынка, не выдержав конкуренции с ведущими бюджетными авиакомпаниями. Ситуация прояснится тогда, когда будут сняты все действующие ограничительные и запретительные меры на осуществление международного авиасообщения в мировом масштабе. Возможно, европейские бюджетные авиаперевозчики будут усиливать свои позиции на внутреннем рынке, но не исключен и вариант интеграции своей деятельности в соседние регионы.

Приложение. Публикации автора 2020-2021 гг.

Публикации в научных изданиях, включенных в Перечень ведущих рецензируемых научных журналов Высшей аттестационной комиссии (ВАК) при Министерстве образования и науки Российской Федерации:

1. ***Рублев В.В.*** **Перспективы развития рынка бюджетных авиаперевозок в Республике Казахстан** // Вестник Астраханского государственного технического университета. Серия: Экономика - г. Астрахань. 2020, №2 (июнь) – с. 70-80.

2. ***Рублев В.В.*** **Анализ эффективности мер государственной поддержки региональных пассажирских авиаперевозок в Российской Федерации** // Современная экономика: проблемы и решения - г. Воронеж. 2020, №7 (127) (июль) – с. 161-177.

3. ***Рублев В.В.*** **Перспективы развития рынка пассажирских авиаперевозок в рамках Евразийского экономического союза в условиях макроэкономической нестабильности** // Вестник СГЭУ - г. Самара. 2020 г. №4 (186) (июнь) – с. 18-37.

4. ***Рублев В.В.*** **Перспективы развития российского рынка пассажирских авиалайнеров в условиях макроэкономической нестабильности** // Вестник СГЭУ - г. Самара. 2020 г. №8 (190) (август) – с. 86-97.

5. ***Рублев В.В.*** **Анализ деятельности и перспективы развития аэропортов ЦФО в условиях макроэкономической нестабильности** // Современная экономика: проблемы и решения - г. Воронеж. 2020, №8 (128) (август) – с. 49-70.

6. ***Рублев В.В.*** **Увеличение направлений бюджетных авиакомпаний как ключевой фактор развития международного аэропорта Самары (Курумоч) в условиях макроэкономической нестабильности** // Вестник СГЭУ - г. Самара. 2020 г. №10 (192) (сентябрь) – с. 58-69.

7. ***Рублев В.В.*** **Анализ парка воздушных судов ведущих авиакомпаний Российской Федерации: тенденции и перспективы развития в условиях макроэкономической нестабильности** // Современная экономика: проблемы и решения - г. Воронеж. 2020, №9 (129) (сентябрь) – с. 31-50.

8. *Рублев В.В.* **Европейский опыт развития бюджетных авиакомпаний на рынке региональных авиаперевозок: тенденции и перспективы развития** // Региональные проблемы преобразования экономики - г. Махачкала. 2020, №6 (116) (июнь) – с. 24-33.

9. *Рублев В.В.* **Региональная маршрутная сеть как основа концепции бюджетной авиакомпании: европейский опыт и российская практика** // Современная экономика: проблемы и решения - г. Воронеж. 2020, №10 (130) (октябрь) – с. 150-168.

10. *Рублев В.В.* **Перспективы развития международного аэропорта Курумоч (город Самара) в условиях макроэкономической нестабильности** // Известия Байкальского государственного университета - г. Иркутск. 2020, №3, Т.30 (сентябрь) – с. 448-462.

11. *Рублев В.В.* **Перспективы развития аэропортов Северо-Кавказского федерального округа в условиях макроэкономической нестабильности** // Региональные проблемы преобразования экономики - г. Махачкала. 2020, №7 (117) (июль) – с. 36-48.

12. *Рублев В.В.* **Перспективы развития аэропорта Манас (г. Бишкек, Республика Кыргызстан) в условиях преодоления кризиса, вызванного влиянием пандемии COVID-19** // Современная экономика: проблемы и решения - г. Воронеж. 2020, №11 (131) (ноябрь) – с. 180-198.

13. *Рублев В.В.* **Анализ влияния бюджетных авиакомпаний «Volotea» и «Vueling» на рынок пассажирских авиаперевозок Испании в условиях макроэкономической нестабильности** // Теоретическая экономика - г. Ярославль. 2020, №11 (71) (ноябрь) - с. 68-78.

14. *Рублев В.В. Ларин О.Н.* **Анализ маркетинговой политики ведущих европейских бюджетных авиакомпаний «easyJet» и «Ryanair»** // Региональные проблемы преобразования экономики - г. Махачкала. 2020, №8 (118) (август) – с. 187-196.

15. *Ларин О.Н. Рублев В.В.* **Перспективы развития европейской авиастроительной корпорации Airbus SE в условиях преодоления кризиса, вызванного пандемией COVID-19** // KANT. Научно-исследовательский журнал - г. Ставрополь. 2020, №4 (37) (декабрь) – с. 160-168.

16. *Рублев В.В.* **Тенденции и перспективы развития европейских бюджетных авиакомпаний в условиях макроэкономической нестабильности (на примере «Ryanair», «easyJet», «Wizz Air»,**

«Transavia», «Vueling») // Экономика устойчивого развития - г. Краснодар. 2020, №4 (44) (декабрь) – с. 226-234.

17. ***Рублев В.В.*** **Перспективы развития бюджетных авиаперевозок в СКФО в условиях макроэкономической нестабильности** // Региональные проблемы преобразования экономики - г. Махачкала. 2020, №9 (119) (сентябрь) – с. 63-75.

18. ***Рублев В.В. Одинцова Т.Н.*** **Развитие региональных направлений в структуре маршрутной сети Международного аэропорта Гагарин (г. Саратов) как фактор развития в условиях макроэкономической нестабильности** // Актуальные проблемы экономики и менеджмента. Научно-аналитический журнал - г. Саратов. 2020, №4 (28) (декабрь) – с. 134-145.

19. ***Рублев В.В. Ларин О.Н.*** **Анализ ценовой политики ведущих европейских бюджетных авиакомпаний в период преодоления кризиса, вызванного влиянием пандемии COVID-19** // Вестник РГЭУ (РИНХ) – г. Ростов-на-Дону. 2020, №4 (72) (декабрь) - с. 208-227.

20. ***Рублев В.В. Ларин О.Н.*** **Анализ влияния пандемии COVID-19 на падение пассажиропотока ведущих аэропортов Франции: тенденции и перспективы посткризисного развития** // Современная экономика: проблемы и решения - г. Воронеж. 2021, №1 (133) (январь) - с. 8-26.

21. ***Ларин О.Н. Рублев В.В.*** **Перспективы применения отечественных самолетов для региональных авиаперевозок** // Экономика, предпринимательство и право – г. Москва. 2021, Том-11 №2. (февраль) – с. 431-443.

22. ***Ларин О.Н. Рублев В.В.*** **Анализ влияния бюджетных авиакомпаний на развитие региональных аэропортов: опыт Франции** // Петербургский экономический журнал – г. Санкт-Петербург. 2021, №1. (март) – с. 85-99.

23. ***Рублев В.В. Ларин О.Н.*** **Теоретические основания управления рынком пассажирских авиаперевозок в условиях преодоления макроэкономического кризиса** // Теоретическая экономика - г. Ярославль. 2021, №2 (74) (февраль) - с. 94-108.

24. ***Рублев В.В.*** **Перспективы развития Международного аэропорта имени Нурсултана Назарбаева (г. Нур-Султан, Республика Казахстан) в качестве пассажирского транзитного хаба авиакомпании «Air Astana»** // Современная экономика: проблемы и решения - г. Воронеж. 2021, №2 (134) (февраль) – с. 124-143.

25. *Рублев В.В. Ларин О.Н.* **Анализ маршрутной сети базовых аэропортов (хабов) испанской бюджетной авиакомпании «Volotea»: тенденции и перспективы посткризисного развития** // Региональные проблемы преобразования экономики - г. Махачкала. 2021, №1 (123) (январь) – с. 64-73.

26. *Рублев В.В.* **Перспективы развития аэропорта «Гагарин» (город Саратов) в качестве регионального хаба Приволжского федерального округа** // Экономика устойчивого развития - г. Краснодар. 2021, №1 (45) (март) – с. 115-124.

27. *Рублев В.В.* **Перспективы развития венгерской бюджетной авиакомпании «Wizz Air» в условиях макроэкономической нестабильности** // Вестник Алтайской академии экономики и права - г. Барнаул. 2021, №3. Часть-2. (март) – с. 201-210.

28. *Рублев В.В.* **Анализ экономической деятельности региональных аэропортов Франции и региональных аэропортов ЦФО: развитие направлений бюджетных авиакомпаний как ключевой фактор роста пассажиропотока** // Вестник СГЭУ - г. Самара. 2021 г. №1 (195) (январь) – с. 75-87.

29. *Рублев В.В. Ларин О.Н.* **Перспективы развития международного аэропорта Кальяри Эльмас (Сардиния, Италия) в условиях макроэкономического кризиса** // Экономика и управление: научно-практический журнал - г. Уфа. 2021 г. №2 (158) (апрель) – с. 123-131.

30. *Рублев В.В.* **Анализ рынка пассажирских авиаперевозок Республики Таджикистан: тенденции и перспективы посткризисного развития** // Современная экономика: проблемы и решения - г. Воронеж. 2021, №3 (135) (март) – с. 141-156.

31. *Рублев В.В.* **Перспективы развития аэропортов Швейцарии в условиях макроэкономической нестабильности: Цюрих-Клотен, Женева, Базель-Мюлуз** // Региональные проблемы преобразования экономики - г. Махачкала. 2021, №2 (124) (февраль) – с. 48-58.

32. *Рублев В.В. Ларин О.Н.* **Региональные аэропорты ЦФО: перспективы развития в условиях макроэкономической нестабильности** // Научные исследования и разработки. Экономика - г. Москва. 2021, №2 (50) (апрель) – с. 43-50.

33. *Рублев В.В.* **Анализ маркетинговой стратегии британской бюджетной авиакомпании «easyJet» в условиях макроэкономического**

кризиса 2020-2021 гг. // Вестник Алтайской академии экономики и права - г. Барнаул. 2021, №4. Часть-2. (апрель) – с. 262-272.

34. *Рублев В.В.* **Перспективы развития Международного аэропорта Алматы (Республика Казахстан) в качестве регионального грузового хаба** // Вестник РГЭУ (РИНХ) – г. Ростов-на-Дону. 2021, №1 (73) (март) – с. 117-127.

35. *Рублев В.В.* **Анализ маршрутной сети испанской бюджетной авиакомпании «Volotea»** // Петербургский экономический журнал – г. Санкт-Петербург. 2021, №2. (июнь) – с. 163-173.

36. *Рублев В.В.* **Перспективы развития Международного аэропорта «Махачкала» в условии макроэкономической нестабильности** // Региональные проблемы преобразования экономики - г. Махачкала. 2021, №3 (125) (март) – с. 13-21.

37. *Рублев В.В.* **Бюджетные авиакомпании стран СНГ: перспективы развития в условии макроэкономической нестабильности** // Региональные проблемы преобразования - г. Махачкала. 2021, №4 (126) (апрель) - с. 56-64.

38. *Рублев В.В.* **Перспективы развития Международного аэропорта «Симферополь» в условиях преодоления кризиса макроэкономической нестабильности** // Научные исследования и разработки. Экономика - г. Москва. 2021, №3 (51) (июнь) – с. 4-11.

39. *Рублев В.В.* **Оценка влияния пандемии COVID-19 на падение авиационного трафика ведущих авиатранспортных узлов Европы** // Экономика устойчивого развития - г. Краснодар. 2021, №2 (46) (июнь) – с. 292-306.

40. *Рублев В.В. Ларин О.Н.* **Перспективы создания региональной бюджетной авиакомпании на территории Республики Крым** // Вестник волгоградского государственного университета. Экономика - г. Волгоград. 2021, Том-23 (№2) (июнь) – с. 57-75.

41. *Рублев В.В. Ларин О.Н.* **Оценка влияния пандемии «COVID-19» на рынок пассажирских авиаперевозок Италии** // Региональные проблемы преобразования экономики - г. Махачкала. 2021, №5 (127) (май) – с. 67-77.

42. *Рублев В.В. Ларин О.Н.* **Перспективы развития аэропорта «Туношна» (город Ярославль) в условиях преодоления кризиса, вызванного негативным влиянием пандемии «COVID-19»** // Теоретическая экономика - г. Ярославль. 2021, №6 (78) (июнь) - с. 126-142.

43. *Рублев В.В.* **Анализ маркетинговой политики испанской бюджетной авиакомпании «Volotea» в условиях макроэкономической нестабильности** // Современная экономика: проблемы и решения - г. Воронеж. 2021, №7 (139) (июль) – с. 29-43.

44. *Рублев В.В. Ларин О.Н.* **Перспективы развития Международного аэропорта Воронеж имени Петра I в условиях преодоления кризиса** // Вестник Воронежского государственного аграрного университета: Теоретический и научно-практический журнал - г. Воронеж. 2021, Том-14, №2 (69) (июнь) – с. 165-175.

45. *Ларин О.Н. Рублев В.В.* **Перспективы посткризисного развития российской отрасли гражданского самолетостроения** // Петербургский экономический журнал – г. Санкт-Петербург. 2021, №3. (сентябрь) – с. 97-108.

46. *Рублев В.В. Ларин О.Н.* **Управление рынком авиаперевозок Швейцарии в условиях макроэкономической нестабильности** // Региональные проблемы преобразования экономики - г. Махачкала. 2021, №6 (128) (июнь) – с. 53-62.

47. *Рублев В.В. Ларин О.Н.* **Перспективы развития аэропорта Женевы (Швейцария) в условиях преодоления макроэкономического кризиса** // Региональные проблемы преобразования экономики - г. Махачкала. 2021, №7 (129) (июль) – с. 70-78.

48. *Рублев В.В.Ларин О.Н.* **Перспективы развития аэропорта «Платов» (г. Ростов-на-Дону) в условиях преодоления кризиса, вызванного влиянием пандемии COVID-19** // Вестник РГЭУ (РИНХ) – г. Ростов-на-Дону. 2020, №2 (74) (июнь) – с. 128-138.

49. *Рублев В.В. Ларин О.Н.* **Проблемы развития региональных аэропортов на островных и полуостровных территориях** // Экономика устойчивого развития - г. Краснодар. 2021, №3 (47) (сентябрь) – с. 124-132.

50. *Рублев В.В.* **Перспективы развития бюджетной авиакомпании «Fly Arystan» (Республика Казахстан) в условиях преодоления кризиса, вызванного влиянием пандемии COVID-19** // Современная экономика: проблемы и решения - г. Воронеж. 2021, №9 (141) (сентябрь) – с. 42-56.

51. *Рублев В.В. Ларин О.Н.* **Анализ маркетинговой политики ирландской бюджетной авиакомпании «Ryanair» в условии преодоления макроэкономического кризиса** // Региональные проблемы преобразования экономики - г. Махачкала. 2021, №8 (130) (август) – с. 47-54.

52. *Рублев В.В. Ларин О.Н.* **Перспективы посткризисного развития рынка пассажирских авиаперевозок Республики Азербайджан** // Научные исследования и разработки. Экономика - г. Москва. 2021, №5 (53) (октябрь) – с. 22-30.

53. *Рублев В.В. Ларин О.Н.* **Перспективы развития аэропортов острова Корсика (Франция) в условии макроэкономической нестабильности** // Региональные проблемы преобразования экономики - г. Махачкала. 2021, №9 (131) (сентябрь) – с. 34-44.

54. *Рублев В.В. Ларин О.Н.* **Перспективы развития авиакомпании «Air France» в условии преодоления макроэкономического кризиса** // Региональные проблемы преобразования экономики - г. Махачкала. 2021, №10 (132) (октябрь) – с. 88-95.

55. *Рублев В.В.Ларин О.Н.* **Французский опыт создания лоукост аэропортов: тенденции и перспективы посткризисного развития** // Вестник РГЭУ (РИНХ) – г. Ростов-на-Дону. 2020, №3 (75) (сентябрь) – с. 155-165.

Серия: «Актуальные вопросы современной экономики государств Центральной Азии»:

Владимир Рублев – НУР-СУЛТАН: экономика и люди. К 30-летию независимости. - Düsseldorf: LAP LAMBERT Academic Publishing GmbH & Co.KG., 2021. - 116 с. - ISBN 978-620-4-71847-7

Серия экономических блогов:

Владимир Рублев - Рынок авиаперевозок Европы. Серия экономических блогов - BloggingBooks (Германия), 2021. - 116 с. - ISBN 978-620-2-47631-7

Учебные пособия по экономическим дисциплинам:

Бузина С.В., Искяндерова Т.А., Рублев В.В. и др. Основы бизнеса. Учебное пособие (под ред. Искяндеровой Т.А.). - Москва, КНОРУС, 2021. - 298 с. – (Бакалавриат) - ISBN 978-5-406-06404-7

Монографии по экономическим дисциплинам (экономическая теория, экономика транспорта, логистика):

1. *Ларин О.Н. Рублев В.В.* Авиатранспортный потенциал Республики Казахстан. Монография - Düsseldorf: LAP LAMBERT Academic Publishing GmbH & Co.KG., 2021. - 85 с. - ISBN 978-620-4-71444-8

2. *Ларин О.Н. Рублев В.В.* Авиакомпании: развитие в условиях преодоления макроэкономического кризиса. Монография - Düsseldorf: LAP LAMBERT Academic Publishing GmbH & Co.KG., 2021. - 141 с. - ISBN 978-620-3-86053-5

3. *Ларин О.Н. Рублев В.В.* Аэропорты: развитие в условиях преодоления макроэкономического кризиса. Монография - Düsseldorf: LAP LAMBERT Academic Publishing GmbH & Co.KG., 2021. - 153 с. - ISBN 978-620-3-85710-8

4. *Ларин О.Н. Рублев В.В.* Бюджетные авиакомпании: тенденции и перспективы развития. Монография - Düsseldorf: LAP LAMBERT Academic Publishing GmbH & Co.KG., 2021. - 100 с. - ISBN 978-620-3-46448-1

5. *Ларин О.Н. Рублев В.В.* Рынок пассажирских авиаперевозок в условиях макроэкономической нестабильности. Монография - Düsseldorf: LAP LAMBERT Academic Publishing GmbH & Co.KG., 2021. - 125 с. - ISBN 978-620-4-21293-7

6. *Рублев В.В.* Авиакомпании: теоретические и практические аспекты управления. Монография - Düsseldorf: LAP LAMBERT Academic Publishing GmbH & Co.KG., 2021. - 129 с. - ISBN 978-620-3-92235-6

7. *Рублев В.В.* Аэропорты: теоретические и практические аспекты управления. Монография - Düsseldorf: LAP LAMBERT Academic Publishing GmbH & Co.KG., 2021. - 113 с. - ISBN 978-620-3-92231-8

8. *Рублев В.В.* Менеджмент и маркетинг на европейском рынке пассажирских авиаперевозок. Монография - Düsseldorf: LAP LAMBERT Academic Publishing GmbH & Co.KG., 2021. - 137 с. - ISBN 978-620-3-86083-2

9. *Рублев В.В.* Менеджмент и маркетинг на российском рынке пассажирских авиаперевозок. Монография - Düsseldorf: LAP LAMBERT Academic Publishing GmbH & Co.KG., 2021. - 149 с. - ISBN 978-620-3-86184-6

10. *Рублев В.В.* Методика оценки эффективности региональных аэропортов Российской Федерации. Монография - Düsseldorf: LAP LAMBERT Academic Publishing GmbH & Co.KG., 2021. - 140 с. - ISBN 978-620-4-21373-6

11. *Рублев В.В.* Посткризисное развитие аэропортов Казахстана, Кыргызстана, Таджикистана и Азербайджана. Монография - Düsseldorf: LAP LAMBERT Academic Publishing GmbH & Co.KG., 2021. - 100 с. - ISBN 978-620-4-71649-7

12. *Рублев В.В.* Региональные авиаперевозки: тенденции и перспективы развития. Монография - Düsseldorf: LAP LAMBERT Academic Publishing GmbH & Co.KG., 2021. - 153 с. - ISBN 978-620-3-86213-3

13. *Рублев В.В.* Управление рынком пассажирских авиаперевозок в условиях макроэкономической нестабильности. Монография - Düsseldorf: LAP LAMBERT Academic Publishing GmbH & Co.KG., 2021. - 209 с. - ISBN 978-620-3-87048-0

Детские исторические сборники назидательного содержания:

1. *Рублев В.В.* Деревенские песни и частушки конца XIX века. – Saarbrücken: YAM Publishing. - 2021. - 113 с. - ISBN 978-620-3-84825-0

2. *Рублев В.В.* Детский театральный сборник. – Saarbrücken: YAM Publishing. - 2021. - 81 с. - ISBN 978-620-3-84832-8

3. *Рублев В.В.* Духовно-поэтический сборник произведений XVIII столетия. – Saarbrücken: YAM Publishing. - 2021. - 129 с. - ISBN 978-620-3-84846-5

4. *Рублев В.В.* Значение сна по старорусским преданиям. – Saarbrücken: YAM Publishing. - 2021. - 81 с. - ISBN 978-620-3-84822-9

5. *Рублев В.В.* Исторические притчи. – Saarbrücken: YAM Publishing. - 2021. - 81 с. - ISBN 978-620-3-84834-2

6. *Рублев В.В.* Казачий фольклор. – Saarbrücken: YAM Publishing. - 2021. - 85 с. - ISBN 978-620-3-84867-0

7. *Рублев В.В.* Мифологический словарь. – Saarbrücken: YAM Publishing. - 2021. - 133 с. - ISBN 978-620-3-84821-2

8. *Рублев В.В.* Народные приметы и поверья. – Saarbrücken: YAM Publishing. - 2021. - 73 с. - ISBN 978-620-3-84857-1

9. *Рублев В.В.* Пословицы и поговорки белорусского народа. – Saarbrücken: YAM Publishing. - 2021. - 137 с. - ISBN 978-620-3-84868-7

10. ***Рублев В.В.*** Пословицы и поговорки европейских народов. – Saarbrücken: YAM Publishing. - 2021. - 77 с. - ISBN 978-620-3-84862-5

11. ***Рублев В.В.*** Пословицы и поговорки казахского народа. – Saarbrücken: YAM Publishing. - 2021. - 81 с. - ISBN 978-620-3-84858-8

12. ***Рублев В.В.*** Пословицы и поговорки малочисленных народов России. – Saarbrücken: YAM Publishing. - 2021. - 73 с. - ISBN 978-620-3-84865-6

13. ***Рублев В.В.*** Пословицы и поговорки народов Азии. – Saarbrücken: YAM Publishing. - 2021. - 77 с. - ISBN 978-620-3-84863-2

14. ***Рублев В.В.*** Пословицы и поговорки народов Кавказа. – Saarbrücken: YAM Publishing. - 2021. - 129 с. - ISBN 978-620-3-84850-2

15. ***Рублев В.В.*** Пословицы и поговорки народов мира. – Saarbrücken: YAM Publishing. - 2021. - 89 с. - ISBN 978-620-3-84864-9

16. ***Рублев В.В.*** Пословицы и поговорки народов России. – Saarbrücken: YAM Publishing. - 2021. - 137 с. - ISBN 978-620-3-84854-0

17. ***Рублев В.В.*** Пословицы и поговорки народов Центральной Азии. – Saarbrücken: YAM Publishing. - 2021. - 101 с. - ISBN 978-620-3-84856-4

18. ***Рублев В.В.*** Поэтическое наследие великого казахского народа. – Saarbrücken: YAM Publishing. - 2021. - 69 с. - ISBN 978-620-3-84876-2

19. ***Рублев В.В.*** Притчи и легенды казахского народа. – Saarbrücken: YAM Publishing. - 2021. - 77 с. - ISBN 978-620-3-84874-8

20. ***Рублев В.В.*** Сборник басен. – Saarbrücken: YAM Publishing. - 2021. - 97 с. - ISBN 978-620-3-84818-2

21. ***Рублев В.В.*** Сборник былин. – Saarbrücken: YAM Publishing. - 2021. - 105 с. - ISBN 978-613-9-47073-0

22. ***Рублев В.В.*** Сборник детских поздравительных стихотворений. – Saarbrücken: YAM Publishing. - 2021. - 65 с. - ISBN 978-620-3-84831-1

23. ***Рублев В.В.*** Сборник загадок. – Saarbrücken: YAM Publishing. - 2021. - 57 с. - ISBN 978-613-9-47068-6

24. ***Рублев В.В.*** Сборник исторических анекдотов. – Saarbrücken: YAM Publishing. - 2021. - 109 с. - ISBN 978-620-3-84827-4

25. ***Рублев В.В.*** Сборник легенд. – Saarbrücken: YAM Publishing. - 2021. - 129 с. - ISBN 978-620-3-84820-5

26. ***Рублев В.В.*** Сборник назидательных рассказов и цитат для детей. – Saarbrücken: YAM Publishing. - 2021. - 105 с. - ISBN 978-620-3-84823-6

27. ***Рублев В.В.*** Сборник пословиц и поговорок. – Saarbrücken: YAM Publishing. - 2021. - 109 с. - ISBN 978-613-9-47067-9

28. ***Рублев В.В.*** Сборник пьес для детей. – Saarbrücken: YAM Publishing. - 2021. - 117 с. - ISBN 978-613-9-47077-8

29. ***Рублев В.В.*** Сборник рассказов для детей дошкольного возраста. – Saarbrücken: YAM Publishing. - 2021. - 77 с. - ISBN 978-620-3-84844-1

30. ***Рублев В.В.*** Сборник русских народных песен, стихотворений, игр и забав для детей. – Saarbrücken: YAM Publishing. - 2021. - 85 с. - ISBN 978-613-9-47071-6

31. ***Рублев В.В.*** Сборник русских народных песен. – Saarbrücken: YAM Publishing. - 2021. - 101 с. - ISBN 978-613-9-47075-4

32. ***Рублев В.В.*** Сборник русских народных сказок для маленьких детей. – Saarbrücken: YAM Publishing. - 2021. - 81 с. - ISBN 978-620-3-84817-5

33. ***Рублев В.В.*** Сборник сказок XVIII-XIX вв. – Saarbrücken: YAM Publishing. - 2021. - 97 с. - ISBN 978-620-3-84826-7

34. ***Рублев В.В.*** Сборник стихотворений для детей дошкольного возраста. – Saarbrücken: YAM Publishing. - 2021. - 73 с. - ISBN 978-620-3-84842-7

35. ***Рублев В.В.*** Сборник театральных куплетов XIX столетия. – Saarbrücken: YAM Publishing. - 2021. - 121 с. - ISBN 978-620-3-84852-6

36. ***Рублев В.В.*** Сборник трудов французских писателей XVII-XVIII вв. в назидание детям. – Saarbrücken: YAM Publishing. - 2021. - 105 с. - ISBN 978-620-3-84847-2

37. ***Рублев В.В.*** Сборник элегий XIX столетия. – Saarbrücken: YAM Publishing. - 2021. - 81 с. - ISBN 978-620-3-84843-4

38. ***Рублев В.В.*** Свадебные песни и причитания. – Saarbrücken: YAM Publishing. - 2021. - 93 с. - ISBN 978-620-3-84824-3

39. ***Рублев В.В.*** Сказки казахского народа. – Saarbrücken: YAM Publishing. - 2021. - 81 с. - ISBN 978-620-3-84875-5

40. ***Рублев В.В.*** Сказки народов Кавказа. – Saarbrücken: YAM Publishing. - 2021. - 89 с. - ISBN 978-620-3-84872-4

41. ***Рублев В.В.*** Фольклористика азербайджанского народа. – Saarbrücken: YAM Publishing. - 2021. - 101 с. - ISBN 978-620-3-84839-7

42. ***Рублев В.В.*** Фольклористика армянского народа. – Saarbrücken: YAM Publishing. - 2021. - 137 с. - ISBN 978-620-3-84853-3

43. ***Рублев В.В.*** Фольклористика башкирского народа. – Saarbrücken: YAM Publishing. - 2021. - 81 с. - ISBN 978-620-3-84860-1

44. ***Рублев В.В.*** Фольклористика белорусского народа. – Saarbrücken: YAM Publishing. - 2021. - 101 с. - ISBN 978-620-3-84871-7

45. ***Рублев В.В.*** Фольклористика грузинского народа. – Saarbrücken: YAM Publishing. - 2021. - 101 с. - ISBN 978-620-3-84859-5

46. ***Рублев В.В.*** Фольклористика Кыргызстана. – Saarbrücken: YAM Publishing. - 2021. - 89 с. - ISBN 978-620-3-84837-3

47. ***Рублев В.В.*** Фольклористика народов Таджикистана. – Saarbrücken: YAM Publishing. - 2021. - 89 с. - ISBN 978-620-3-84836-6

48. ***Рублев В.В.*** Фольклористика северных народов России. – Saarbrücken: YAM Publishing. - 2021. - 97 с. - ISBN 978-620-3-84870-0

49. ***Рублев В.В.*** Фольклористика татарского народа. – Saarbrücken: YAM Publishing. - 2021. - 97 с. - ISBN 978-620-3-84855-7

50. ***Рублев В.В.*** Фольклористика Туркестана. – Saarbrücken: YAM Publishing. - 2021. - 93 с. - ISBN 978-620-3-84835-9

51. ***Рублев В.В.*** Фольклористика туркменского народа. – Saarbrücken: YAM Publishing. - 2021. - 73 с. - ISBN 978-620-3-84873-1

52. ***Рублев В.В.*** Фольклористика Узбекистана. – Saarbrücken: YAM Publishing. - 2021. - 97 с. - ISBN 978-620-3-84838-0

53. ***Рублев В.В.*** Фольклористика украинского народа. – Saarbrücken: YAM Publishing. - 2021. - 89 с. - ISBN 978-620-3-84866-3

54. Рублев В.В. Фольклористика чеченского народа. – Saarbrücken: YAM Publishing. - 2021. - 85 с. - ISBN 978-620-3-84869-4

55. ***Рублев В.В.*** Фольклористика якутского народа. – Saarbrücken: YAM Publishing. - 2021. - 109 с. - ISBN 978-620-3-84840-3

Исторические и историко-хронологические словари:

1. ***Рублев В.В.*** Исторический словарь библиотечного и печатного дела. – г. Кишинев, Республика Молдова: Palmarium Academic Publishing. - 2021. - 97 с. - ISBN 978-620-2-39551-9

2. ***Рублев В.В.*** Исторический словарь военного дела. – г. Кишинев, Республика Молдова: Palmarium Academic Publishing. - 2021. - 97 с. - ISBN 978-620-2-39550-2

3. ***Рублев В.В.*** Историко-хронологический словарь периодических изданий 1702-1799 гг. – г. Кишинев, Республика Молдова: Palmarium Academic Publishing. - 2021. - 85 с. - ISBN 978-620-2-39552-6

4. ***Рублев В.В.*** Историко-хронологический словарь периодических изданий 1800-1899 гг. – г. Кишинев, Республика Молдова: Palmarium Academic Publishing. - 2021. - 165 с. - ISBN 978-620-2-39555-7

5. ***Рублев В.В.*** Историко-хронологический словарь периодических изданий 1900-1917 гг. – г. Кишинев, Республика Молдова: Palmarium Academic Publishing. - 2021. - 97 с. - ISBN 978-620-2-38297-7

Историко-поэтические сборники:

1. ***Рублев В.В.*** Война в российской поэзии начала XX столетия. – Saarbrücken: YAM Publishing. - 2021. - 97 с. - ISBN 978-620-3-84893-9

2. ***Рублев В.В.*** Любовь, воспетая российскими поэтами XIX столетия. – Saarbrücken: YAM Publishing. - 2021. - 97 с. - ISBN 978-620-3-84892-2

3. ***Рублев В.В.*** Свобода, воспетая российскими поэтами XIX столетия. – Saarbrücken: YAM Publishing. - 2021. - 117 с. - ISBN 978-620-3-84891-5

Издания на иностранных языках:

На английском языке:

Vladimir Rublev - NUR-SULTAN: economy and people. Towards the 30th Anniversary of Independence. – OUR KNOWLEDGE Publishing (Great Britain), 2021. – 125 p. ISBN 978-620-4-28101-8

Oleg Larin, Vladimir Rublev - Air transport capacity Republic of Kazakhstan. Monograph. – OUR KNOWLEDGE Publishing (Great Britain), 2021. – 81 p. ISBN 978-620-4-25220-9

На немецком языке:

Vladimir Rublev - NUR-SULTAN: Wirtschaft und Menschen. Auf dem Weg zum 30. Jahrestag der Unabhängigkeit. – VERLAG - Unser Wissen (Deutschland), 2021. – 129 p. ISBN 978-620-4-28100-1

Oleg Larin, Vladimir Rublev - Luftverkehrskapazität Republik Kasachstan. Monographie. – VERLAG - Unser Wissen (Deutschland), 2021. – 89 p. ISBN 978-620-4-25219-3

На французском языке:

Vladimir Rublev - NUR-SULTAN : économie et population. Vers le 30e anniversaire de l'indépendance. – EDITIONS NOTRE SAVOIR (France), 2021. – 125 p. ISBN 978-620-4-28102-5

Oleg Larin, Vladimir Rublev - Capacité de transport aérien République du Kazakhstan. Monographie. – EDITIONS NOTRE SAVOIR (France), 2021. – 85 p. ISBN 978-620-4-25222-3

На испанском языке:

Vladimir Rublev - NUR-SULTAN: economía y personas. Hacia el 30º Aniversario de la Independencia. – EDICIONES NUESTRO CONOCIMIENTO (España), 2021. – 125 p. ISBN 978-620-4-28105-6

Oleg Larin, Vladimir Rublev - Capacidad de transporte aéreo República de Kazajistán. Monografia. – EDICIONES NUESTRO CONOCIMIENTO (España), 2021. – 85 p. ISBN 978-620-4-25221-6

На португальском языке:

Vladimir Rublev - NUR-SULTAN: economia e pessoas. Rumo ao 30º Aniversário da Independência. – Edições nosso conhecimento (Portugal), 2021. – 125 p. ISBN 978-620-4-28104-9

Oleg Larin, Vladimir Rublev - Capacidade de transporte aéreo República do Cazaquistão. Monografia. – Edições nosso conhecimento (Portugal), 2021. – 85 p. ISBN 978-620-4-25224-7

На итальянском языке:

Vladimir Rublev - NUR-SULTAN: economia e persone. Verso il 30° anniversario dell'indipendenza. – EDIZIONI SAPIENZA (Italia), 2021. – 125 p. ISBN 978-620-4-28103-2

Oleg Larin, Vladimir Rublev - Capacità di trasporto aereo Repubblica del Kazakistan. Monografia. – EDIZIONI SAPIENZA (Italia), 2021. – 85 p. ISBN 978-620-4-25223-0

Printed by Books on Demand GmbH, Norderstedt / Germany